体の知性を取り戻す

尹 雄大

講談社現代新書
2280

はじめに

過日、山陰の山深い里に知人を訪ねた。百人ほどが住む集落に足元を照らす街灯は望めず、仰いでも山あいを照らす月に冴えはない。かすかに浮かぶ家屋の灯火を頼りに歩くよりなかった。

漆黒の闇とはこういうものかと思ったものの、日中そう遠くない山をクマが猛烈な勢いで駆け上がっていたのを思い出した。その途端、夜陰を情緒的に描く気持ちは失せ、深夜の森でクマと出くわしやしないかと、びくびくしだす。

街の生活では、自分の体の輪郭が掻き消えるほどの闇に包まれることはない。だが、山陰の森の暗さは、目を開けていても何も見えず、自分の体さえ手で触らなければ確かにあると思えないほど凄まじい。

足元には朽ちた木や石が転がっており、陽光の下であればどうということのない段差に足を取られた。だからといって、恐る恐る足元を探りながらの歩みでは、なかなかはかどらない。
目はあてにならないと観念したとき、体は手探りに適した状態に自然と変形した。手を前へ伸ばし、腰を少しかがめ、耳を澄まし、髪を揺らす風を感じ、肌で場の気配を探り始めた。私は転ぶこともなく無事に知人宅に辿り着くことができた。

人はこのように全身を使って環境を計測している。けれども普段の暮らしでは、体による周囲の把握を意識しないで済んでいる。それはあまりにも何気なすぎて、視野の中に入ってこないのだ。

たとえば握手だ。互いに歩みよって握手をするとき、空振りすることなどないだろう。近づきすぎず、離れすぎない絶妙な位置がなぜかわかっている。相手の顔を見ながらでも握手はできる。むしろ、顔ではなく、自分や相手の手を見て握ろうとすれば、ぎこちなくなってしまう。

あるいはリレーでバトンを渡されるとき、ある程度までは後ろを振り返り、目で距離を確認していても、自分が徐々に走り始めてからは顔は前を向いているはずだ。最適なタイミングで受け取れる速さの調節は、背後に迫った走者の足音や息遣い、そして自身の胸の高まりだったりする。

私はインタビュアーだが、初めて会う人のことを深く知らなくとも、相手が言い淀んでいるときに、目を凝らし、耳を澄まし、その人の漂わせている気配を感覚的に読むと、次に何を表したいかがわかり、言葉を補うことができる。私に限らず、話をしているときには誰しも行っていることである。だが、よくよく考えると心の内など見えはしないはずだ。ただ、その人の表情や仕草、息を継ぐ様子を見ていると、なんとなくわかってしまう。

考えたわけでもなくできてしまう。なぜこのようなことが人には可能なのだろう？　何かができるようになるとは、どうも頭で考えたことを正確に実行するといったことではないようだ。

適切な振る舞いが考えるまでもなくできる。腰をかがめたり、顔を見たり、耳をそばだてたりといった体の変化を伴う計測は、誰かに教えられたノウハウがもたらしたのではなかった。思考を重ね、物事を理解した結果、できるようになったのでもない。あらかじめ体に装備された知性がもたらした。そうとしか言いようがない。

知性とは脳の働きだと考えられやすい。だが、誰ひとり心臓を頭で考えて働かせているわけではない。根本的には体の知性なくして私たちは生きられないのだ。

その一方、握手がそうであるように、体の働きは私たちにとってはさりげなすぎて、よく見えない。知性とは言ってみたものの、「こういうものだ」と明らかに指し示すことなど到底できない。なぜなら、知性は「私たちがこうした体をもって生きていること」と関わっており、それは人が生まれてこの方、謎であり続けてきたものだからだ。

そこで本書では、見えにくい体に光をあてることで知性を浮かび上がらせていく。手立てとしては、私自身の体験や普段たしなんでいる武術を通じ感じたことをもとに述べていきたい。

いまのところ謎に取り組むには、頭で考えたところで間に合わないことだけはわかっている。ではどうすればいいだろう。わからないこと、未知の出来事に出会ったとき、私たちはどうしただろう。幼い頃、自転車に乗れるようになるには、乗ってみないと始まらなかったはずだ。だから、まずはやってみる。そして体自体に教えてもらう。誰もが行うこのやり方であれば、さほど大きな間違いは起きないだろう。書き進めるごとに新たな風景が現れるように、ともかく私は全身を用いて謎を問うてみるつもりだ。

目次

第5章　感覚こそが知性である

第1章　「小さく前へならえ」で私たちが失ったもの

就学時の胸のつかえ

小学校に入学してすぐ、とても不思議に感じたことがあった。他人が聞けば拍子抜けするだろうが、「小さく前へならえ」と「よく考えてからものを言いなさい」の意味するところがわからなかったのだ。

初めてその言葉を聞いたのは、体育の授業だった。教師にとっては、取り立てて気に病むこともないお定まりの文言だったはずだ。当人にすれば自分の発した言葉が、いまさら取り沙汰されることになるなど思ってもいなかったろう。

けれども「小さく前へならえ」と「よく考えてからものを言いなさい」と命じられたときの、きゅっと胸がすぼまり、口の中に酸っぱい唾が充満し、身を縮めた感じをいまでもよく覚えている。

そのうえ、教師は「もう小学生になったのだから」と何かにつけて口にした。その言いように、小学校にあがるまでに体験したことすべてがのっぺりと「幼さ」として括《くく》られてしまった気がした。これまでの体験は、もう捨てていかなくてはいけないもののような扱われ方だった。

それはなんだかやる気の湧かない、ひどくだるく感じるようなことでもあった。この先何かを諦めていかなければ、要求されているその手の成長は到底なしえない、という予感を覚えたからだ。

もちろん、そのようにはっきりと言葉にできたわけではないが、漠然とした不安を抱いたのは確かだ。就学は、そのような胸のつかえを覚えた記憶と重なっている。

幼子はなぜ大きな声でしゃべるのか

「幼さ」で片付けられてしまった、学校へ通い始める以前の自分はどういう心持ちだったろうか。もう四十年ほど前のことだから、何を感じていたかなどうまく思い出せないかもしれない。

そう思っていたら、街中での子供らの振る舞いがふと目についた。幼子は互いに、あるいは大人、散歩中のイヌ、路傍の花と相手がなんであれ、肌が触れ合う近さで接している。自分の気になることや好きなものへと向かう気持ちと行為とが離れていない。

子供らは笑い、泣き、しゃべることがほとんどわかれておらず、身の内で弾ける感覚と外の世界で起きている出来事にタイムラグがない。そして、とても大きな声でしゃべる。

だから大人たちはシーッと口に指をあてる。彼ら彼女らは身の内に声をくぐもらせることを知らない。思いの丈にふさわしい厚みで言葉を話そうとするから、その子にとっていまぜひとも必要な声の大きさになってしまう。だから、いくら注意されても声量は変わらない。

そう、あのときの私も自分に向かって何かをわざわざ命じることなどなかった。風にそよぐ葉のように、必要なことは必要なだけ起きた。体はいつも世界の進行に淀むことなく応じていたから。

けれども、いつしか体は、自分によってか他人によってかの差はあっても、指図されるもの、何かの命令を実行する機械みたいなものとみなされるようになった。

そういう体の捉え方を学ぶことが学校教育の始まりであったし、その象徴を私は「小さく前へならえ」と「よく考えてからものを言いなさい」に見て取った。だから怖気《おじけ》を震ったのだ。

「小さく前へならえ」の意図

大人になったいま「小さく前へならえ」を改めて行ってみる。あのとき教師が言ったように、指はまっすぐに伸ばし、肘《ひじ》を脇にぴったりとつけ、きちんとしてみる。

いまならその意図ははっきりわかる。きちんとすればするほど肩は上がり、胸は突き出ようとし、手足は緊張を強いられる。そのポーズは、自分が自分ではいられなくなるような、演出された自分になるよう迫っていた。

そういうふうにきっちりと固めた姿は、人によっては統一された美しさだとか壮健さに映るのだろうが、緊張して固まった体はとても扱いやすい。軽く、弱い。

泥酔してぐにゃぐにゃになった人を抱き起こすのは一苦労で、実際の体重よりも重く感じられる。比べて、がっちりと体を固め、緊張した人はとても抱えやすい。それだけでなく押せば簡単にひっくり返る。実験してみればすぐにわかることだ。

抱きやすいのは、緊張によって体がまとまるからだ。倒しやすいのは、緊張すればするほど一方向の力にしか応じられなくなり、多面的な揺さぶりに非常に脆《もろ》くなるからだ。

そういう姿勢になれば、体も気持ちも不安定になる。いまの自分に自信がもてなくなるから、拠り所が欲しくなる。

そうであるならば、「小さく前へならえ」のような、目測でわかる程度の距離をわざわざ窮屈な格好をさせてまで測らせようとした理由は見えてくる。

命令する者に注目せよ。
そういう意味合い以外に考えられない。

緊張を強いられた体

いま急に「気をつけ！」をやってみろと言われたらどうするだろう。昔取った杵柄《きねづか》ではないが、サッと足を揃えて、ピッと指先まで伸ばし、脇を締め、胸を張り、背筋をまっすぐにし、首を立て、視線は前に向けるだろう。

膝が曲がっていたり、微笑《ほほえ》んでいたり、キョロキョロしたりしてはダメだし、サッと一斉に揃わないといけない、となぜか思ってしまうのではないだろうか。

なぜダメなのかというと、そうでないと「正しい気をつけ」ではないし、そうしないと「怒られたり注意されたりする」と思っているからではないか。

大人になっても子供の頃に味わった感覚がそのまま体に染みついているから、そういうふうに無意識のうちに行動に表れてしまう。

そのとき体は、注意されないように行動しようと、徹底して受け身になっている。体が緊張を強いられ、その状態を維持するとき、命令を発する人の指示を待つ体勢になっている。「これは本当に意味のあることなのか？」と考える猶予を自分に与えられなくなる。

ここで要求される注目とは、関心を外に向けさせて独自に行動させないことを意味している。裏を返せば、相手に考えさせず、こちらの思惑通りにするには、とにかく体を緊張させればいい。

これは「よく考えてからものを言いなさい」にも共通していた。自分なりに懸命に考えて意見を述べると決まって「屁理屈が多い」と怒られた。「考えろ」と言いながら、意見を述べると叱責されるとは非常に不合理な取引だ。次第に理解したのは、「よく考えてからものを言いなさい」とは「よく考えたらそのようなことは言えないはずだ」とこちらに自己規制を迫っていたのであって、教師は独自の思考を勧めていたわけではなかったのだ。

不合理なコミュニケーションによって空気を察知する能力は発達するだろう。しかし、それに比例して体はどんどん萎縮し、緊張の度合いを増す。ここでも「命令する者に注目せよ」というメッセージを私は受け取った。

考えるのではなく提示されたことを正しく理解するのだ。それが学習だった。

無意識のうちに学んだ作法

厄介なのは、こうした緊張を強いる作法の学習は、高圧的な命令や怒鳴り声のような、わかりやすい調子ですべて行われているわけではないことだ。何気ない所作や常識を通じて、無意識のうちに学んだことも多い。

たとえば小学校時分の給食を思い出してみる。当番の「手を合わせてください」という号令一下、全員がそろって手を合わせ「いただきます」と言って食べ始め、また同じ要領で「ごちそうさまでした」と合唱したものだ。これは幼稚園でも行われていたことだが、著しく違うのは楽しく食べることは後退してしまい、代わって持ち出されたのが、食事に対する感謝の気持ちだった。

合掌と合唱は、重要な教育的指導だった。しかしながら、実際に重きを置かれたのは、味わうという状態ににじみ出てくる食べ物への感謝ではなかった。全員が同じものを同じように食べ、同じタイミングで食べ終えるということが、等し並にできるようになることだった。しかも、アレルギーに頓着しない時代だったから、もちろん好き嫌いなく食べなくてはならなかった。

ひねくれた見方だと思われるかもしれないが、「みんな同じ」が正しいという考えがあったからこそ、教師は食べるのが遅い人に「まだ食べているの？」と軽く叱責のこもった調子で言ったのだ。

食事によって感謝の気持ちを抱かせるというのなら、味わうというその人の体に基づく速度は、人それぞれであってもよいはずだ。だが、教師の何気ない、それでいて本音を含んだ一言を聞くと、「人それぞれ」は協調性を欠くことであり、逸脱は非難されるべきことであると感じた。子供のほうは、そういう言葉のざらつきに鋭敏だし、紛れもなく教師の声音《こわね》、表情にそう感じてしまったことは否定しようがない。

だからといって、何からの逸脱なのかは、そのときはっきりとはわからなかった。ただ、咎《とが》められるのを怖れ、誉められることを期待するといった、相手への反応が私たちの行動の規範のひとつになったのは確かだ。

「こうしなさい」「これが正しいやり方だ」と言われると、あまりのびのびとした気持ちではいられなくなる。「同じ」という平均に揃えようとする力が働くとき、その枠に自分をあてはめるためには、たくさんの「しなければいけないこと」を学ぶ必要が生じる。

ルールからの逸脱が怖い

「しなければいけない」と言うとき、その人の頭の中では何らかの正しさが思い描かれている。

たとえば子供の頃、おもちゃで遊んでいるとき、親は「ほら、使っていないおもちゃは早く片付けなさい」と言ったものだ。

親にすれば放ってあるように見えるものも、自分なりの空間配置があってのことなのだが、それは汲んでもらえず乱雑さとしてしか扱われない。

「片付けなさい」と命じられ、前に親から聞いた整理整頓を良しとする教えを思い出し、しぶしぶ取り掛かろうとする。

たとえ理屈の上で納得することであっても、それを受け入れたくない気持ちが湧くのは、「しなければいけない」と特定の形に入ることに、合わない服を着せられるのに似た心地悪さを感じるからだ。

だが、その感覚は社会的には居場所がないので、無意味なのだといつしか思うようになる。腑に落ちないながらも、整理整頓という枠に収まるよう自分を馴《な》らしていく。

正しさにかなう「しなければいけないこと」と、正しさに反する「してはいけないこと」が言い渡され、ルールに基づいて自分を眺めるようになるとき、自分の行いが常にルールという一般原則からはみ出していないかを気にし始めるようになる。

個人がどのように感じているかよりも、「正しいこと」「しなければいけないこと」のほうが重要なのだ。目配りしつつ正しさに配慮する必要がある。

もはや幼子の頃のような、世界の進行に淀むことなく応じていた体であってはならなかったのだ。

自分の体が見えない苛立ち

このようなことをいまなお考えているのは、何も学校教育に対する恨みをまだもっていて鬱憤晴らしをしたいからではない。たしかに、子供のときに抱いた世の中のルール然としたものへの違和感はいまだにもっている。一方で、大人になるにつれ、教師と同じようなことを言うのが一人前だと思うような自分もまた生まれてしまった。

大人になるためには必要だと手渡された考えが、しっくりなじまないまま、それでいて否定しきれないところがある。

「みんなと同じようになるために正しさを実行する」という社会の提示した考えに自分の

考えを沿わせなくてはならなくなったとき、それは自分の体を消していく道のりでもあった。だからこそ、あのときの体験について考えてみたいのだ。

これが、私個人の小学生時代の経験で終わるならまだいい。だが、社会に出てもなお、「小さく前へならえ」や「よく考えてからものを言いなさい」で身に刻まれた「正しくあろうとする」考えから離れられず、知らないうちに体の緊張を高めている人が増えている気がする。

それどころか、自分が緊張していることすら自覚できていない人が多いのではないだろうか。ストレス解消に効くといった広告やニュースはたくさんある。次から次へと新手の効能を謳《うた》う情報やアイテムが現れるということは、結局のところ効き目もその場限りのもので、根本に働きかけてはいないということだ。

どんな手立てもストレスの一時的な発散にしかならないのは、肝心の自分の体がどういう状態にあるのかわからないからではないか。

このこと自体がけっこうなストレスなのは、自分の体が見えない苛立《いらだ》ちは、生きていることに喜びを覚えられないのと同じだからだ。その状態を放っておけば、きっと生き難《にく》さにつながっていく。

だから、こういうふうに考えてみた。「こうしなさい」「これが正しいやり方だ」と何気ない顔つきをして、するりと滑り込んでしまった常識が、ひょっとして自分の体をよそよそしいものに変え、見えなくさせてしまったのではないかと。

暮らしの合間に、ふと「何かおかしい」と感じることはある。その一方で、それこそ「気をつけ」がちゃんとできるようになったら、「よくできました」と社会的に評価されもしてきたので、いまさら自分の感じた違和感を信じていいものかわからない。

時折訪れるこういう「本当かな？」という思いは、私ひとりの体験にとどまらないはずだ。だからそのプロセスを描くことは、自分の体を縛り付け、不自由にしてしまう考えがどこからやって来て、どういうふうに入り込んだのかを探ることにもつながると思う。

見失われた体のつながり

困ったことに、生きてきた年数をかけて身につけた考えは、自分そのものとして感じられてしまう。いったいどこからどこまでが元の自分なのか、いまとなってはわからないのだ。自分のことは自分がいちばんわからない。私自身もそのことに改めて気付かされるような出来事が最近起きた。

先日、人から「なんだか腕が伸びたね」と言われた。まさかこの年になって体が成長することもないだろうと思いながら、鏡に映った姿を見てみると、確かに手の位置が前よりも下にあったので驚いた。よくよく観察すると、以前に比べて肩が下がったようだ。そういえば、何かにつけて緊張してしまう癖が少しはましになった気もする。

私は長らく怒り肩の体型だった。シャツやジャケットを着るには見映えがいいのだろうが、実用から言うと、何をするにも肩に力が入ってしまう難儀なところがあった。どうということのない重さのペットボトルを口元へ運ぶにしても、肩を支点にしたクレーンみたいなあんばいで持ち上げてしまう。ちょっとロボットめいた動きで、非常に効率の悪い体の使い方が癖になっていた。

肩が上がるのは、常に力が入り緊張しているせいだ。そんなふうに普段からきゅっと縮こまっているものだから、本業であるインタビューの仕事で初対面の人に会うと、緊張から怒り肩はさらにぐっと上がって、痛みを感じるほどになる。仕事が終わり、ほっと一息ついても痛みはなかなか去らない。

そういうとき肩をぐるぐるまわしたり、ほぐしたりしてみるのだが、それで緊張が解けたためしはなかった。

ストレッチをしてもほぐれなかったのは、緊張が解けたと自分に言い聞かせるフリでしかなかったからだ。ようは、自分の感じている痛みが何なのか、当人はまったくわかっていなかったということだ。

同じような症状を抱えた人に、原因はどこにあるかと尋ねたら、「肩に力が入って痛むのだから、肩が問題だ」と答える人が多いと思う。私もそうだった。でも、それは半分は当たっているが半分は外れている。

私の腕が伸びたのは肩に入っていた力が以前に比べて抜けたからだ。そうすると、「やっぱり肩が問題だ」と思いそうになる。けれども、力が少し抜けてわかったのは、肩に力が入ると首筋に緊張が走り、首が固定されると視野の広がりにも影響を与えるということだった。上半身に限ってみても、いろんなところにつながりがあるのだ。肩だけが問題ではなかった。

一見すると、肩から首、目という順に緊張が伝わっていったように思える。しかし、インタビュー中の痛みの出方を観察すると、集中して相手を見てしまうことで眼球の緊張が促され、それが首、肩に伝わっていたこともありえるわけだから、順序はどちらともとれる。

因果関係は、自分がその現象を見たいように見た形でつくられてしまう。だから、おそらく肩が緊張していたのは結果であって原因ではないはずだ。原因は、目かもしれない、首かもしれない、むしろそれら以外かもしれない。

いちばんの問題は、体のつながりを感じることなく無視していた、そういう自分のあり方に気付けなかったことだ。

たとえばシーツにシワがよっていたとして、四方をパンと引っ張ればシワはなくなるのに、局所のシワだけがなぜか気になってしまって必死に伸ばそうとしていたようなものだ。つながりを見ることなく、肩をぐるぐるまわしていたのはそういうことだ。

「正しさ」という鋳型

肩の力みが少しは解けたことで、緊張する場面で感じていた痛みはずいぶん減ったが、体のつながりを無視しても当然のような、そんな自分になってしまった理由まではわからない。いつから怒り肩になるような緊張を当たり前にするようになったのだろう。

そこで幼少期のアルバムを繰ってみることにした。見かけの変化であっても何かヒントがつかめるかもしれない。

写真を見てまず驚いたのは、肩うんぬんではなく、五歳くらいまでの自分の屈託のない笑顔だった。笑うときは全身で笑っていた。体はくまなく笑顔に彩られていた。いまはこんな笑い方はできそうもない。

大人になると「口元に笑みをたたえる」だとか「満面の笑み」だとか、笑顔は顔だけの造作として受け取りがちだが、その頃の自分は爪先から頭の先まで含め笑っていた。胸も腰もほころんでいた。

それが小学校の高学年になると、全体的に漂っていた柔らかく、開いた印象がまったく消えてしまい、表情は硬く、目は釣り上がり、肩を怒らせるようになっていた。刺々《とげとげ》しさだけが私を表していた。

その頃何があったのかと思い返すと、中学受験のために毎日塾に通い、休日などまるでなかった。本音を言えば、受験などしたくなかった。けれども、良い学校に進学すれば良い将来が待っているといった、当時の社会で幅広く信じられていた話に結局のところ同意したのだった。やりたくはないが、それが良いということらしいのでやる。このような信じていないストーリーに自分を合わせようとしたものだから、当然のように角逐や葛藤が生まれた。それを表したような体つきに変化していた。

そういえば当時、どうということのない段差に蹴躓《けつまず》いては、やたらと足をくじいていた。それは「合格というゴールだけを考えて、ひたすら競争する」ことばかりに目がいっていて、目前にある起伏をおろそかにしていた様子を表す格好のエピソードにも思えてくる。たぶん頑《かたく》なな考えに合わせて、体は硬くなり、柔軟さを失っていたのだろう。

やがて中学、高校になると、思春期特有の「いかに生きていけばいいか」という鬱屈も加わり、体の浮かべる表情は不満と頑なさの色合いを濃くしていった。

改めてなるほどと思ったのは、子供の頃から社会化を経験していく中で、緊張が次第に深く自分の体に浸透していったということだ。そういう意味で体は正直だ。

成長するにつれ、私たちは社会的に価値ある「やって良いこと」と無価値な「悪いこと」の区別ができるようになる。受験勉強や就職活動がまさにそうだ。あれらが良いことだと思い込まない限り、どうしてまともに取り組めるだろうか。

社会の認める善悪の基準を身につけること。それが客観的に物事を考える礎《いしずえ》になる。頭のほうはそれに納得する。

しかし、体のほうはそこで終わりではない。言葉によって働きかけられ、重視され始めた「正しさ」は、決まって体をある一定の鋳型《いがた》に沿うように仕向ける。

授業は「正しい姿勢」で聞くべきか

私にとっての「鋳型」体験として思い出すのは、椅子に座るための正しい姿勢について注意を受けたことだ。初めは小学校に入りたての頃。次いで大人になってからだ。

最初の注意はこういうものだった。教師は長い定規を一人ひとりの背中に差し入れて、「正しい姿勢とは、こういうふうに背筋が真っ直ぐになることだ」と言った。非常に驚いたのは、それまで正しい姿勢があるなどと考えたこともなかったからだ。背中に入れられたひんやりとした定規を感じながら、それに自分を沿わせる行為は、どうしたところで嫌な感じしかしなかった。

公園の砂場で遊ぶときには鼻歌交じりで機嫌よく砂遊びに没頭できる格好があり、寝転んで本を読むようなときでも窮屈にならず、手元に置いたおやつにすぐ手が届くような、それにかなった姿勢があった。正しいかどうかよりも、動きやすかったり、快適であるかどうかしか念頭になかった。もっと正確に言うなら、そういうことすら考えたこともなかった。

定規を背中に入れた姿勢が本当に正しいのかどうかは、やってみればすぐにわかる。そのような格好では身軽に動くことはできない。深い呼吸もできない。ようは窮屈以外のなにものでもない。

四十人ほどの人間が集まり、長い時間、教師に向かって視線を注ぎ続け、なおかつひとつところにじっと座る。考えてみれば、人間以外には見当たらない奇妙な慣習と言っていい。

もっとも、学習はいつの時代も、身じろぎしないきちんとした姿勢で取り組むのが常識だったわけではない。

たとえば、寺子屋の風景を描いた絵を見ると、部屋の中では落書きをしたり、取っ組み合いの喧嘩をしたり、教える側の意向などてんで無視の様子がよくわかる。それはちょっと見では、ふまじめで秩序がないように見える。だが、何かを学ぶというのは、与えられたものとまじめに向きあえばいいというものではない。あとで不意に「なるほど」と合点がいくこともわりと多いはずだ。学習とは、「これを学ばなくてはいけない」という限定された時間と空間の出来事としてではなく、もっと伸び縮みできるものとして理解されていたのではないかと思う。

子供はじっとしているのがあまり得意ではない。自身が子供だった頃を思い返せばわかるだろう。いつだって動くことで何かを知っていたはずだ。それは足元を這う蟻《あり》であったり、空の雲の動きだったり、大人からすれば他愛のないものへの関心の傾け方だったりした。ともかく集中力を欠いているように見える。

けれども、そのときは軽やかに動ける、呼吸もスムーズにできる体だったはずだ。そういうふうに生き物として必須のいつでも動ける状態でなければ、何も吸収できないだろう。定規を差し入れる姿勢など、ただの拘束でしかないのだ。

そして、そんな拘束をよしとする考えがスリットとして入ることで、私たちは自身の体をこれまでとは違った方角から見るようになった。たとえば、健康診断を受けたり、毎日体重計に乗ったりするとき、私たちは当たり前のように自分の体を数値で把握している。これはようするに、自分の体を他人事のように眺めているのと同じだ。

私たちは静物ではなく動物だ

姿勢に関する二度目の注意を受けたのは三十歳を越えた頃で、椅子を買おうとインテリアショップを訪れたときだ。店員は人間工学に基づいてつくられた椅子を私に勧めた。座り方にも要領があるらしく、椅子のラインに身を委ねるよう深く座るのが「正しい座り方だ」とアドバイスした。

「座面に深く座れば、椅子が人間の骨格に沿うようにつくられているので、腰に負担がかかりません。そうして骨盤をサポートするのです」という説明だった。その通りに座ってみた。たしかに深く座れば安定する。しかし、そうなるとどうしても骨盤は後傾せざるを得なくなる。必然的に座る以外の姿勢がとりにくい。だから立ち上がるには「どっこいしょ」と力を入れる必要が出てくる。

普通そうなるでしょう？　と私の言うことのほうがおかしいと感じる人もいるだろう。

でも、考えてみれば、「どっこいしょ」と仕切り直してから立ち上がらなくてはいけないのは、体が椅子に沈んで落ち着いてしまっているからだ。快適さを求めたデザインであるようでいて、座ることに縛りつけられている。

こういう椅子では、どれほど第一印象がよくても、結局同じ姿勢をとり続けることが苦しくなる。なぜなら、私たちは静物ではなく動物で、動くことが心や体の安定に不可欠だからだ。

だから、どれほど人間の骨格を考えた椅子であろうが、頭のほうは安楽さをそこに見出しても、体のほうは長時間座るとしんどくなるし、単純に飽きてくる。

それに私の座ったモダンな椅子に限らず、いまどきの電車や車、飛行機、映画館などの座席は、なぜか骨盤が後傾するものが多く、腰掛けるには向いていないデザインが多い。腰掛けるとは、座りながらも座ることに甘んじていない、いつでもサッと立ち上がれるような状態のことだ。個人的には平板なベンチのような椅子がいちばん座りやすいと思っている。椅子に任せず、自立的に座れるからだ。

私たちは快適さを道具や機械に依存することだと思っているので、公共空間の椅子がそういうデザインになっていても不思議に感じなくなっている。

小学生の頃の定規を差し入れられた姿勢が常に緊張を要求するとしたら、後傾した姿勢は力を抜いてへたった安楽さでしかない。それは、座ってしまって動けなくなるという別の緊張を招くだけだ。

そういうデザインになるのは、椅子というものを、座った状態に体を固定させるための道具と考えているからではないだろうか。

社会が私たちに期待し、提供している鋳型は、運動や姿勢の変化を嫌う。しかも、それは小学校以来、長年にわたって要求され続けるので、定規に体を沿わせることや、座った状態に固定するような造形をおかしいとも思えなくなる。

動きを禁ずる緊張ばかり

誤解のないように言っておくと、緊張が悪いのではない。というよりも、緊張に本来は良いも悪いもない。

たとえば、これから百メートルを走ろうとスタートラインに並んだとき、どれだけ「緊張しないでおこう」と思ったところで、自然と緊張するはずだ。地震が起きたとき、それまでだらしない格好で寝そべっていたとしても思わずさっと身構えるだろう。

誰に命じられたわけでもなく、必要なときに必要なだけ全身にテンションがかかる。走ろうとするなら、それにふさわしく腰は落ちて膝は曲がり、脇は適度にあいて、決して「気をつけ」のような脇の締まった姿勢にはならない。だらけて緩んだ体勢にもならない。緊張とは局部に力が入ることではなく、体が自然とまとまろうとする働きだ。それによって素早く、即座に動けるようになる。つまり、緊張は、しようとして「する」わけでも、他人から命じられて「する」わけでもない。自ずとそのときになれば「なる」ものなのだ。自然と起こってしまうのだから、良いも悪いもない。

私が問題にしているのは、「素早く、即座に動ける」状態を生む緊張ではなく、その正反対の運動の禁止に向けた緊張だ。

気がつけば、世の中には禁止のメッセージが溢れている。子供から大人まで「ちゃんと・きちんと・正しく」を守るようにと要請されていて、体が知らないうちに無駄な緊張を覚えてしまっている。

町中に出れば、エスカレーターでは駆け上がるな。足元をよく見ろ。車がバックするから気をつけろ。釣り銭の取り忘れに注意しろと言われる。テレビやネットを見ても、重箱の隅をつつくような正しさにこだわったやり取りを目にする。日々「しなくてはいけない」「してはいけない」といった言葉にさらされ続けている。

そんなものを浴び続けていたら、自分の体というものが、常に抑制しなくてはいけないものとして感じられてもしようがない。抑制が起きるときは、必ず自分の外にある何かの価値基準との照らし合わせが生じている。そうすると力みを覚えるから、リラックスを体に命じなくてはいけなくなったのだ。

だが、それは「気をつけ」の後の「休め」のようなもので、くつろげるものではない。「きちんと、正しく」と意識的に迫られた緊張は、体が本来もっている構造を決まって無視したものになる。体には「きちんと」も「正しく」もないからだ。そこで起きるのが心と体の分裂だ。

体感を否定する

心と体の分裂と言われても、緊張を緊張として感じていない人と同様に、思い当たる節のない人もいるだろう。

たとえば、炎暑にネクタイを締め、スーツを着て仕事をするのは、体感としてどうしてもおかしいと誰もが感じている。クールビズといっても、炎天下に暑苦しい格好を見る機会はまだまだ多い。

風土に合わない服装なら、なぜ止めないのか。ビジネスを円滑にするためのマナーとして仕方ない、大人だったら不快さも我慢して当然だ、という理屈はあるだろう。しかし、単純になぜ不快なものを不快なものとして扱えないのかを突き詰めていくと、「規則が、上司が、みんなが、世間が言うから」という言い訳しか残らないのではないか。

別にそれに同意してもいいのだが、電車やオフィスではクーラーで冷やされ、自律神経がダメージを受けたり、睡眠障害になったりする人もざらにいる。我慢した結果、働くことに集中できなくなるような体になるのだとしたら、まったくの本末転倒だ。それでも無理をするのが大人の証だとするなら、それは「その矛盾について考えていない」だけではないのか。

心と体の分裂と聞くと、心身論といった難しそうな話に感じて、自分の生活とは関係がないと思うかもしれない。だが、真夏にスーツを着るのを疑いもしないことは、充分に心と体が分裂している。自分の身にとって切実なところからしか始まりようのないのが心身の問題だ。

頭の現実と体の現実

体感を否定した上で、慣例や常識を持ち出して正しさを定義すると、頭のほうは「そういうものか」と納得してしまう。だから体に「これが現実だ。受け入れろ」と命じるが、体のほうが頭よりも現実を知っている。腹が減っているときにどれだけ「我慢しろ」と自分に言い聞かせても腹は鳴るし、やる気は失せる。体は違和感だったり、「なんとなくいい感じ」といった感覚で実情を教えてくれるのだ。

決まりきったメッセージを実行する。それが人生を送ることだ。そういう考えを疑いもしなくなっている暮らしとは、実のところ頭が思い描くイメージの枠の中に体を追い込むことでしかない。その結果、体はどんどん強張っていく。頭と体のあいだで自分が板挟みになり、やがては緊張の度合いの高まった体として日常を送る。それが現実なのだと思い込んでしまう。

世の中では、頭でわかることが物事の理解であるという偏った考えが主流を占めている。そうなると、感覚のもたらす声を消すことが正しいように思えてくる。それこそが現実的な判断だと感じてしまう。頭からすれば、感覚はとりとめもない、たんなる雑音にしか聞こえないのだ。昔はそういう理解の低さ、忖度《そんたく》のなさを「頭が固い」と表現した。それは体が現実を知っていて、自分に向ける眼差しに余裕があったからこそできる判断だった。

けれども、頭の固さで体が染められてしまうと、自分が緊張しているかどうかもわからなくなる。そのため、現実とは「頭の理解の範囲」のことだという誤解も訂正されなくなる。

だが、私たちの暮らしはいつも頭の都合だけで滞りなく行えるわけではない。たとえ正確な鉄道の時刻表をつくり、それをきちんと守るべく緊張して臨んだところで、台風でも来れば考え通りにはいかない現実にたちまち立ち往生する。

頭で体をコントロールする。それが生きることだと私たちは思い込んでいる。それでも台風のような自然現象に出くわすとき、ふと気づく。私たちの体も本当は制御できない自然の側に属するのだということに。体が嵐のように吹き荒れ、たかぶるときもあれば、穏やかなときもある。それは思いや考えの外にある現実そのものと言える。

建築現場で目撃した不思議

体よりも思考が重視されている世の中では、現実と出会うのはなかなか難しい。私たちが「これが現実だ」と言うとき、他人とのあいだで共通認識が取り結べ、必ず頭が理解できる程度のものになっているからだ。いわば頭の理解に基づく社会的な現実と言っていい。それは体にとっての現実とは違う。

体の現実とはつかの間、感覚的にのみ垣間見えるものかもしれない。たとえば火にかけた薬《や》缶《かん》に触れてパッと手を離すとき、のんびりと「熱い」などと認識していないはずだ。手を離す行為と感覚が現実の出来事にぴたりと合っていて、そこに「熱い」という判断の入る余地はない。

それでも私たちは「熱いと感じて、思わず手を離した」と自分や他人に向けて言う。それは常に後から振り返った説明なのだ。「感じた」と言葉で言ってしまえるのは、リアルタイムではなく、認識された過去の出来事にすぎない。というのは、現実は「〜してから〜した」といった悠長な認識の流れで進んではいないからだ。「間髪を容れず」というように、髪の毛ほどの隙間もないのが現実だ。

つまり私たちにとっての現実は、常に言葉にならない感覚の移ろいでしかない。わずかにその変化を摑むことで、現実の一端を知ることができる。

そんなふうに現実を知るときは、考えでがんじがらめに固まっていた体がほぐれるチャンスになるだろう。体はいつも私たちに現実の何たるかを教えようとしてくれている。私の身にも、それは起きた。「目を覚ませ、現実を見ろ」とでもいうようなメッセージが訪れたのは、学生時分に行ったバイトの現場でだった。

その頃、私はキックボクシングを毎日練習し、筋力トレーニングも盛んにやっており、いまからは考えられないが逆三角形の体つきをしていた。だから、それなりのことはできると思い、賃金もいい建築現場の日雇いバイトを始めることにした。

現場で指示されたのは、四十キロはあろうかというセメント袋をふたりがかりで二階に運ぶ、地味だがきつい仕事だった。季節は真夏だ。急激に体力は奪われていき、私を含む学生バイトは何往復もしないうちに汗みずくになりへばってしまった。自負心は早々に打ち砕かれた。

そんな中、作業員のひとりに六十歳くらいの筋肉隆々とは言いがたい小柄な男性がいた。その人はひとりでひょいとセメント袋を肩に担いで階段を登っていた。こちらがふたりがかりで辛うじて持ち上げているのに比べて、なんと軽やかなことかと驚いた。

試しにやってみようとしたが、彼のように「ひょい」と担ぎあげることがまずできなかった。ジムでバーベルを相手にするみたいに、スタンスをとって踏ん張って、どうにかこうにか「よいしょ」と持ち上げることはできた。といっても、とりあえず浮かすまでが一仕事で、そこからさらに肩まで上げるなど無理だった。

私のような「よいしょ」が表す動きは、奥歯を噛み締めてぐっと踏ん張ってじりじり持ち上げる動きだが、「ひょい」にはそういうまどろっこしさがない。しかもその人は「よっ」という軽い掛け声とともに無造作に持ち上げていた。

奥歯を噛み締めているあいだ、私は息を止めている。比べて彼は掛け声があるくらいだから普通に息をしている。つまり体にそう大した負担がかかっていない。

彼を見ていてとにかく不思議だった。どうやって持ち上げているのかわからない。しかも、重いものを持ち上げているふうにも見えない。
いったい何が起きているのか？

第2章　渾身のパンチより強い、手応えのないパンチ

重さと力に関する誤解

建築現場で私は重いものを重いと感じ、重いものとして持ち上げていた。それに対し、小柄な男性は重いものを軽々と担いでいた。

私と彼とでは、体の大きさは違っても、同じ骨の数、関節の数。それからそう大して変わらない関節の可動域。基本の構造は同じなのだから、彼がやってのけたことは、私の中にあってもおかしくない能力だ。なぜそれが発揮されなかったのか。それを考えていくと、私には重さと力に関する誤解があったのだと思う。

それまで、重さというものを数値に表された限りは変わらないものとして考えていた。十キロのものなら、誰にとってもきっかり十キロ分の重さが感じられ、それを持ち上げるには十キロ以上持ち上げる筋力が必要だという発想だ。

彼が重いものを軽々と担ぎ上げたのは、力があるからなのだが、それが筋力に頼った力ではないのは明らかだ。では、その力というのは何なのだろう。

当時、私が精を出していた筋力トレーニングは、いまにして思うと実に不思議なものだ。局部に負担をかけ、重いものを重いものとして持ち上げていた。全身に重さを分散させたほうが効率がいいのに、わざわざ腕なら腕だけに重みをかけて細胞を傷つけて、それで筋繊維が太くなったといって喜んでいた。本当におかしなことをやっていたものだと思う。

日常の中で、バーベルのような物体をA点からB点まで直線的に上下させるような単純な動きはほとんどない。生活の中で出会う重量のある荷物は、セメント袋や石みたいに取っ手もないし、重心がまとまったものでもない。しかも足場が平坦とは限らない。

そういう状況でものを持つときは、習い覚えたやり方ではうまくいかない。仮に持てたとしても、局部に力を入れることで力を発揮しているから、すぐに疲れてしまう。

私の場合は、肩がすぐに使い物にならなくなってしまった。肩というのは目立ちやすく、動きの支点になりやすい部位だ。ボールを投げるにも、物を持ち上げるにも、肩を中心に動きが生じているように感じる人は多いだろう。だから、肩の筋肉を鍛えれば、運動能力が上がったと思えてしまう。

こういう誤解が起きるのは、腕は肩にあるジョイントによって胴体につながっているといった、ロボットのようなイメージを人体にもってしまうからだ。

やはりこれも物事の因果関係の単純化だ。腕は鎖骨によって胴体とつながっているし、肩甲骨は宙に浮いている。けれども、肩は大きな部位で動きやすいから頭の誤解を受けやすい。体の構造を無視してまで思い込んだ方向に動いてしまうということだ。

意識的な動きは、体の構造からすれば不自然で、動きにくいように動かしているだけなのだ。だから、建築現場で筋力トレーニングを行うように肩を基点にしてものを持ち上げたとき、すぐにダウンしたわけだ。

物事は単純にしたほうが覚えやすいし、多くの人に教えるのも容易だ。筋力トレーニングは、マスプロダクトのように単純に体を捉えるようになった結果、広まっていった気がする。そうして意識に偏りが生まれ、感覚的に捉える力が鈍くなった。

数値化できない何か

私が重く感じたものをベテランの作業員が軽々と持ち上げたということは、彼にとってセメント袋は軽かったということだ。すると、私と彼とでは同じ重さが違って感じられたということだ。

重さというのは自分が感じる以外のものとしてあるのだろうか？

彼がセメント袋を軽々と持ち上げられたのは、それが感覚的に軽かったからだろう。そうすると、そもそも客観的な重さというものがあるのかどうか、わからなくなる。私はそれまで、客観的に重いものがあって、それを自分がいわばクレーンみたいに持ち上げ、そのクレーンのパワーを上げることが能力の向上だと思っていた。けれども、彼はそういう貧相なイメージを呆気なく覆す働きをしていた。

　そこで思い出したのは、ある工務店の社長の話だ。その人が言うには、「曲がった釘を叩いてまっすぐにすると、曲がったままのときより重い」。しかもおもしろいことに彼は「それをもし目盛りのない秤で測ったとしたら、何十倍も重いはずだ」と続けたのだ。

　目盛りのない秤を秤とは呼べないと思う人もいるだろうが、ここで言う秤とは感覚だ。彼は重さとは標準的な数値で表すことができない何かであると言おうとしていて、そのことを経験から知っていたわけだ。私が建築現場で会った作業員は、それを体で表現していたのだ。

　重い物を持ち上げるときは、物が客体で、持ち上げる私が主体だ。だから、主体を鍛えればなんとかなるとばかり思っていた。本当は、そのものとの関わりをどう感覚的に捉えるかが、力として変換されるのかもしれない。それが体の大小や筋肉の量に左右されない、あらかじめ人に備わった能力ではないか。

子供の頃、手のひらに棒を立ててバランスを取るような遊びをやった人も多いだろう。絶妙にバランスがとれたとき、棒自体の重さを感じなかったはずだ。そのものとのバランスがうまくとれたとき、棒がまっすぐに立った。

それを思うと、作業員の彼は、セメント袋とのバランス関係がぴたりとあっていたからひょいと担げたのかもしれない。比べて私は、セメント袋に局部の力で働きかけようとしたから重く感じてしまったのではないか。

体の一部分を鍛えるのは、自分の体のつながりを断つことであり、そういう体で何かに働きかけるとしたら、どうしてもバランスを無視した運動にならざるを得ない。

体のつながりと発揮される力とは、まったく無関係に思えるだろう。だが、疲れたときにどうということのない荷物が途端に重くなるのは、全身がまとまるようなテンションがほどけてしまったからだ。体のつながり、物とのバランスが崩れてしまい、局部の力に頼ったから重さを感じるようになるのだ。

わかりやすさの罠

一般的には、腕や腿といった部位を鍛えれば、力は増すと信じられている。だからトレーニングを熱心に行う人も多いのだが、そうした単純な力学で体を動かすとすぐに疲れてしまう。それはとても効率の悪い動きだからだ。本当のところ私たちはできればそんなことはしたくない。もっと楽になりたい。

厄介なことに、この「したくない」という心持ちは、我慢を知らない怠惰さとして括《くく》られがちだ。そして、すぐに「がんばらなければならない」と自分を罰する眼差しに転化する。しかし、それは本当に単なる怠け癖として片付けてよいのか。生理的な判断から直感的に「それはしていたくない」と選択する場合もあるはずだ。

私は長らくそういう体の訴えを無視してきた。力を増すという単純なやり方以外知らなかったのだ。

能力の全体的な発揮よりも部分的な力につい目が行ってしまうのは、それだけ常識に対する信奉が強かったからでもある。その信念を強化したのがキックボクシングと筋力トレーニングだ。時間と回数を重ねさえすれば上達するという、わかりやすい見方に根ざして体を捉えていたのだ。昨日よりも重いものを挙げられるようになれば力がついた証拠であり、昨日よりすばやくパンチが打てるようになったら能力が向上した証だと、かつては思っていた。

倦《う》まず弛《たゆ》まず積み重ねる地道な練習によって、成長はもたらされると考えている人も多いだろう。このような捉え方は、スポーツに限らず、教育やビジネスでも常識となっている。

でも、本当にそうなのか。改めて考えてみたいのは、地道な練習の「地道さ」とは何であり、どういう内容で、また何を目的としているのかだ。

努力の内実

地道な練習を続けるのは、「試合に勝つため」であったり、「習熟してうまくできるようになるため」である。そのために行うトレーニングは、「こうすればうまく泳げるようになる」「このようなやり方を身に付ければ、ビジネスチャンスをものにできるようになる」といった、成果を確実にもたらす「法則」を身につけるためだ。

ようは、成功を約束するのは「再現性」のある動きで、その獲得のために汗を流しているわけだ。

ある方法を繰り返すことで質が上がるのは確かにそうだ。嘘ではない。だからといって本当でもない。

というのは、私たちが慣れ親しんでいる「質の向上」とは、腕立て伏せの回数を増やせば筋力はつくといった、成功の形があらかじめ決まっているところを目指しているからだ。わかりやすい考えを体にあてはめることで、一見すると能力が向上しているように思える。けれど、質の向上といったところで、体の一部に負担をかけ、限りなく効率の悪い体になる道筋を選んでいるに過ぎない。つまり、本来発揮できるはずの力を制限している。嘘ではないが本当でもないというのは、そういうことだ。

しかも、そういうときに取り沙汰されている「質」とは、「想像を絶する」とか「人間業とも思えない」レベルのものではない。どれだけすごい動きであっても想像の内であり、「すごいね」と安心して賛嘆できる程度がほとんどだ。本当に想像を隔絶した技は、繰り返しの利くような単純なサイクルにおさめることなどできないだろう。再現性があるとは、あくまで再現できる穏当な範疇《はんちゅう》のことしか扱えないということだ。

それに、筋力トレーニングには正しい手順がある。たとえばバーベルなら、床が水平で、バーはまっすぐで、おもりはあくまで両端に均等の重さで配分されていなくてはならない。その上で息を吐いて吸って、準備して、気合を入れて、歯を食いしばりといった前置きが必要になる。それだけの条件が揃わないと、学習された力は十分発揮できないのだ。

つまり、ここで言うような再現性とは、常に手間暇を含んでおり、質の向上とは、冗長な手続きを経てしか発揮されない力の出し方を学ぶことなのだ。そういうものをまじめにやればやるほど、まどろっこしい手続きを疑いもしなくなる。すでにあるシステムに乗った取り組みが努力だと思えてしまうので、乗っているシステム自体が何かを問わないようになる。

そうすると、必然的に考え方も体の動きも単純化、平板化していく。だから、四十キロのセメント袋を軽々担いでいた作業員の動きを理解できなくなる。現に私がそうだった。

緊張の昂進

小学生のときに「小さく前へならえ」で覚えた体の違和感を殺す方向で、私はその後、長らく生きてきた。その成れの果てがキックボクシングへの没入だった。子供の頃に抱いた疑問をかかえていられなかったのだ。

親や教師に言われる「しなくてはいけないこと」や「正しい行い」にいちいちひっかかってはいた。そう言われるごとに、心が描く自分の輪郭と実際の体とが違って、その板挟みになっていた。引き裂かれてしまった自己がいつも見出された。

けれども結局、私は自分の感覚を否定することを受け入れた。子供の自分には、親や社会の示すまともさは無視できないものとして映っていたからだ。「何かおかしい」という違和感はずっとあった。ただ、まともさから外れて生きていく術《すべ》を身につけるには、まだ幼すぎた。

そこで、感じている違和をそのまま出すと奇矯な人だと思われるので、できるだけ感じないようにして過ごすことに決めた。センサーを眠らせ、スイッチを切るように。だからといって問題がなくなったわけではない。違和感や自分の分裂具合がフリーズし、より深いところに問題が浸透していっただけのことだった。心身はどんどん固く、緊張を常にするようになってしまった。

実際、どうということのない段差に蹴躓く。狭いところでは必ずといっていいほど肩や足をぶつける。人と話をするとあがって、一言を発するのに汗だくになる。柔軟性を失った挙句、対人関係もうまくいかなくなる。感じることを押し殺すとは、生きようとする体を全力で否定するものでしかなかったのだ。

武術とは何か

そのように生きながら死んでいるような捻《ねじ》れたあり方が過度の緊張や不安を招いていたが、当時はなぜ自分がそういう状況に陥っているかわからなかった。ただでさえ、始終わからなさに突き動かされる思春期だ。不安に呑み込まれ、心身に不調を来してもおかしくなかった。

かろうじてそうならずに済んだのは、「自分を取り巻くこの状況はいずれ去る。これが現実のすべてではない」という漠然としながらも、確信めいた思いがあったからだ。その拠り所となったのが文学や思想、友人関係だと言えば理解もされやすいだろう。だがそうではなく、私を救ってくれたのは武術への憧れだった。

社会的には何の役にも立ちそうにない武術。それが心身の支えになったと聞けば、腑に落ちない人もいるだろう。もし怪訝《けげん》に思われるとしたら、それは武術に対する痩せたイメージが世間に広がっているせいだ。たとえば時代劇で見るようなチャンバラであったり、空手の試合のように力のぶつけ合いで強さを争うことだったり。それに、礼儀だとか克己《こっき》だとかとってつけたように持ち出される精神主義を思い浮かべるかもしれない。そういうものが武術だと認識されているだろう。

武術は見映えのいいアクションではない。ルールという限定された枠の中で勝敗を競うものでもない。猛々しさに任せた振る舞いを「強くなった」と勘違いするものでもない。ましてや精神主義を盾にとり、自分の弱さや傲慢さをごまかすものでもない。

武術とはどういう術かと言えば、生に徹することだと思う。武術は切羽詰まった生の極みを問題にする。なぜなら絶体絶命に陥ったとき、普段の暮らしで通じる理屈や言い訳、責任転嫁、甘えが一切通用しないからだ。

たとえば、不意に車が飛び出してきたとき、「交通ルールを守れ」と言っても仕方ない。自力で何とか切り抜けるしかない。

そのとき生きること、どういう状況であれ生き切れるか、という問いが全面に現れる。その答えは頭ではなく、体で得ていくしかない。頭でわかっても実践できなければ、まったく意味がないからだ。そのためには体と向き合い、自分という存在が何かを明らかにするべく真摯に努める。つまり、一般的なイメージと違って、エゴイズムと暴力の結託を許さない。それが私にとっての武術だ。

武芸者たちの逸話

私は確かに感覚の否定という、生きながら緩慢に死ぬという倒錯した選択をしていた。だからこそ、かえって生きることや死ぬことについて考えるようになり、必然的に武術に関心をもったのだろうと思う。心身が緊張や不安に完全に覆われてしまわなかったのは、武芸者の逸話を知るにつれ、どうも普段見慣れた心や体のあり方とは異なる世界が開けているような気がしたからだ。少なくとも私が陥っている心身の状態とは違う何かがそこには示されていた。

たとえば示《じ》現《げん》流を創始した東郷重位《ちゅうい》だ。示現流と言えば、「二の太刀いらず」。つまり一撃で勝負を決したと言われるほどの斬撃の鋭さで有名だ。その速さは雲耀《うんよう》という言葉で表されており、脈拍の八千分の一の時間だという。重い刀をそんなスピードで意のままに操ることができるのか。少なくとも、私たちが常識的に行っているような、大きく振りかぶって、遠心力で叩きつけるといった、「振る」動作では無理だろう。そこでは日常の地続きではありえないような妙技があるように感じた。

加えて東郷重位は刀で碁盤を両断したという逸話が残っている。刀身は畳を割り、床にまで達したというが、いくら日本刀の切れ味が鋭くとも、碁盤は粘りが強く、固い材でつくられている。傷をつけることはできたとしても、断ち切るのは至難の業だ。力業ではない境地に立たない限り、なしえない。こんな事例は、どんどん閉塞していく自分に吹き込む風のように、私に清涼さを与えてくれた。

また時代は下り、江戸開城にあたって西郷隆盛と直談判した、一刀正伝無刀流の山岡鉄舟だ。鉄舟は五十三歳で胃癌で亡くなったが、「胃がん胃がんと申せども　いかん中にもよいとこもあり」と詠むなど最後まで洒脱さを失わなかった。

死の間際、枕頭を見舞った勝海舟が、「どうです。先生、ご臨終ですか」と問うと鉄舟は少し目を開いてにっこりと笑い、「さてさて、先生よくお出でくださった。ただいまが涅槃《ねはん》の境に進むところでござる」と苦もなく答えたという。

あるいは、これは実際に武術を始めてから知った話だが、江戸初期の松林左馬助という剣術家は弟子に「隙あらば自分を驚かせてみよ」と言っていたという。ある日、蛍の見物に行った際、弟子が左馬助を川に落とそうと背中を突き飛ばした。すると左馬助は向こう岸にひらりと飛び、しかも弟子の気づかぬうちにその刀を抜き取っていた。

また左馬助は徳川家光の前で演武した際、切りかかってくる相手の太刀を足で踏み落とした勢いで高く舞い上がり、家光に「身の軽きこと蝙蝠《こうもり》の如し」と賞賛された。

こうした先達の話は、とうてい絵空事には思えなかった。彼らに共通しているのは、「自然であること」や「赤児の身に還ること」、生きることに邪気なく全力であり、かつ死に臨んで恬淡《てんたん》であることだった。さまざまな逸話に触れるにつけ、そうした心身の状態が想像を絶する技につながっているのだろうと思った。何がどのようにつながっているかはわからないが、「そうなのだろう」という確信はあった。

異次元の身体観があるはずだ

スポーツであれ、学校の授業であれ、家庭のしつけであれ、教育の名において繰り返し正しいとされたのは、「しなければならないことを通じて人は成長する」や「数や量をこなすことで質が向上する」といった窮屈な考えだった。だが、〝自然〟も〝赤児〟もそういう常識とは違う何かを訴えているように感じた。

わずかに触れるだけで人を投げ飛ばした。刀で切りかかってくる相手をひょいと躱《かわ》し、相手が何が何だかわからないうちに取り押さえた。そんな技を、血気盛んな若者ではなく、枯れた老人が繰り出したと聞けば、どうしたって常識では理解できない。

しかも、ハリウッド映画のアクションシーンみたいな派手さはない。だからこそ、凄みを感じた。子供が棒を振り上げ、振り下ろすような、作為も何もない動き。それが、相手には「気がついたら切られていた」という異次元の速さになっているのだ。抜群の技というのはひょっとしたら、当然だと思い込んでいる身体観とはまったく違うところに根をもっているのかもしれない。

触れただけで投げ飛ばすなど、そんな荒唐無稽なことがあるものかと思う人もいるだろう。だが、私にはありえることだとしか思えなかった。命のやり取りをしていた時代なのだから、現代人の常識で考えるほうがおかしい。

武術の術理がどういうものかなど、具体的にはまったく想像できなかった。けれども、自然も赤児も、自分が生きていることへの絶対的な肯定を示唆しているように思えた。「しなければならない」ことを己に命じなくても、ただそのままでありさえすればいいのではないか、と。

武術は心と体に晴れやかさをもたらすに違いない。そう考えた私は、武術に近いものを周囲で探した結果、高校入学と同時に柔道部に入った。

鍛錬すればするほど感覚が鈍っていく

柔道は投げ技が中心なので、まずは投げられた時に頭を打ったりしてケガをしないよう受け身の練習をする。顎をひいて後頭部を打たないようにし、背中が畳につく瞬間に手で畳を叩いて衝撃を和らげるのだ。そして、見よう見まねでも受け身がとれるようになったら、あとは即実践とばかりにひたすら上級生に投げられた。それをもって「体で覚えろ」と言われる。この「体で覚えろ」の内実はたんなる勢い任せの荒い投げ技で、明らかに恐怖心を抱かせたり、痛めつけることを目的にしていた。

もちろん、技の本質とはまったく関係ない。上級生の見栄やしごきというエゴを含んだものを学べと言われても、こちらとしては困った。だから「体で覚えろ」を「とにかくやればそのうちわかる」の言い換えと思うことにした。

そのうちわかってきたのは、術理ではなく、痛みに対し鈍感にならないと要求されている強さめいたものは得られないということだった。これは柔道に限らず、体育会系にわりと共通している文化だろう。なぜだか体の鍛錬が、どんどん感覚を鈍らせる方向に進んでいってしまうのだ。

ひたすら上級生に投げられた後、今度は寝技の練習として、畳の上に伏せて腕だけで這って移動する。時には先輩が上に乗っかるという嫌がらせもあった。

匍匐《ほふく》前進であれば下半身も使えるが、この練習は腕だけでじりじりと移動しなくてはならない。実際の寝技で腕の力だけで移動するようなことはないし、そもそもそんな不合理極まりないことをして勝てると思うのがおかしい。

腕しか使えない状態で道場内を何往復もすると当然、肘まわりの皮膚が破れる。それを毎日やらされる。柔道着に血が滲んではじめてまじめに取り組んだと認められるのだ。一事が万事この調子で、痛みに耐えるほど、ケガをすればするほど熱心に打ち込んだ証と評価され始める。すると、自分の体を丁寧に扱うこともなくなり、どんどん鈍重になっていく。自分の体が訴えかける声を無視することが正しいような気になってくる。

痛みは体の警告だ。「体の構造が本来もっているつながりを失った動きをしている」と教えてくれているのだ。しかし、我慢すればするほど正しいし、努力している証だという倒錯した世界に入っていくと、体の声が聴こえなくなる。

練習の最中、ファイト、ファイトと大声をあげ続けなくてはいけなかったのは、そのためだろうか。あの手の掛け声は、少しでも疑問をもたないようにするためのコーラスだったとしか思えない。

幸い私は両膝の関節を悪くしてしまった。体のほうは正直なもので、いまやっていることが自分に合っていないと教えてくれたわけだ。そのまま私は幽霊部員になった。

柔道から空手へ

憧れを抱いていた古《いにしえ》の武芸者たちの術技は、殺し合いというまったくルールのない状況で磨かれてきた。それは、そもそもルールの枠内でポイントを争うような、完全にスポーツ化された柔道とは相容れないものだった。

このことは柔道に限らず、現代武道全般に言えることだ。ただ当時の私は、柔道はたまたまそうだっただけなのだろうと思っていた。大学に入学後、怪我も治ったので、今度は空手や合気道を体験してみた。

ジャンルは違っても、稽古そのものの構造は柔道とまったく同じだった。どれもしっかりと正しい基本を身につけることが大事だという。そして、その基本は「小さく前へならえ」や「気をつけ」と同様の、緊張して固定した姿勢から始まっていた。

空手では、まず両足を平行に開き、突きの練習をする。下半身を動かない土台のようにして突きを繰り出すのだ。わざわざ動けない姿勢を取ってから、次に動く練習に移る。指導者は何事につけ「しっかり」を強調していた。

緊張させておいて「速く動け」と言われるのだから、そこで導き出されるのは速い動きではなく、慌てた動きになる。ミットを打ったり蹴ったりする際には、これまた大声を張り上げるよう要求されたが、慌てふためく自分を誤魔化すためではないかとさえ思う。

そうして自分の目と耳を塞ぎながら学ぶ内容が、伝統だとか精神の鍛錬だと言われることに、だんだんと耐え難くなってきた。夢想した古伝の技と似ても似つかぬものしか眼前にないのだ。

しかし、疑問に思いながらも私は稽古を続けた。「こんなきつい練習をしているのだから、いずれ何かいいことがあるだろう」といった、だらしない考えがあったからだ。

そういうだらけた気持ちで臨みながらも、大声を張り上げ、汗をかき、息もたえだえに稽古していると、自分が意味のあることを行っているように思えてくるから不思議だ。

でも、ある日、果たしてこれが生死を問われる局面で冴えを見せる技になりうるか、これがかつて望んだことかと自分に問うてみた。まったくそうではないと答えが出た。そこで、形だけの伝統や中途半端な精神主義によりかかるくらいなら、いっそわかりやすい強さだけを求めるスポーツのほうが清潔だと、当時人気のあったキックボクシングを始めることにした。

倒錯した思考パターン

自然で赤児のような心で生きることが可能かもしれない。そういった武術が垣間見せた心と体のつながりの探求を私は止めてしまった。思うに任せない心と体の離れ具合はそのままに、ひたすらキックボクシングを練習するようになった。

おかげでそれなりの強さも得られたが、かわりに心身の隙間に恐怖が入り込むようになった。というのは、この強さは競技の範囲においてしか通用しないことを知っていたからだ。いざというときに起こりえるのは常にルールの外のことだから、そのことに怯えるようになった。

練習を始めて十年目に入ったとき、バンデージといって拳に巻いて手首を固定するための包帯の擦れのせいで指の皮膚が角質化した。さらに、そこが裂傷を起こした上に傷口が開いたままで塞がらなくなってしまった。筋肉を鍛え過ぎたせいで血流は悪くなり、いつも指先が冷えていた。軸足をしっかり着けて相手を蹴る。打ち負けないようにしっかり踏ん張る。そうやって力む癖を十年も続けた結果、体からの警告を無視するほどに強くなれるはずだと思うようになっていた。

体からの警告を無視することが体を鍛えることだ、という、かつて違和感を覚えていた思考パターンが体を支配していた。心と体のつながりの探求を諦めるとは、そういう倒錯を疑いもしなくなることでもあったのだ。

これは後にわかったのだが、左足を前にした固定的な構えでパンチを打つ、蹴る練習をしたせいで、骨盤が相当歪み、両足の長さも違った。加えて裂傷が治らないことからわかる通り、本来身体がもっている自然治癒力も相当低下していた。体つきはいまでは考えられないくらいスマートでも、詰まっているのは筋肉と鈍感さしかなかった。

だから、開いたままの傷口に対して「なぜこのようなことが起きているのか」と本質に目を向けることもなく、やすりで角質を削り瞬間接着剤でくっつけて急場をしのぐという、まるで機械を修理するような扱いを平然としていた。

手応えのないパンチで相手がダウン

人はものを見るとき、自分の見たいものしか見ていない。そして、見ている範囲が世界のすべてだとつい思いがちだ。だが、どれだけ「これが当たり前だ」という思い込みで生きていこうとしても、自分の理解の外に広がる世界のほうが広い。だから、いくら鈍感な人間であっても、刮目《かつもく》させるような出来事に触れる機会には事欠かないはずで、それにふと気づく瞬間が事件として体験される。

キックボクシングを始めて十年目のある日、練習後にスパーリングといって軽い手合わせを行う相手に指名され、リングにあがった。相手はボクシング経験者だった。私は最初、押されていた。

軽い手合わせといっても、いいパンチをもらうと互いに熱くなる。そうなると一発くらいは力のこもったパンチを浴びせて威嚇し、相手を後退させる。そういう応酬が始まると、あまり冷静ではいられなくなり、互いに足を止めて打ち合う展開になる。

相手に顔面を殴られ、バランスが崩れた。次の瞬間、思わずバランスを取ろうとしたら、右の拳が前に出てしまい、それがたまたま相手の腹に当たった。どうにも格好のつかない、そしてなんの手応えもない、ちょこんと出した程度のパンチだったはず。だが、相手はうずくまった。驚いた。渾身のパンチでも倒れなかったのに、なんの実感もない軽いパンチでダウンを奪うのが信じられなかった。

常識で考えたら、相手を倒すには、やはり強く叩く必要がある。そのためには、足を踏ん張り、地面を蹴り、腰をねじって回転させ、その勢いを拳に伝え、相手にぶつける。これが広く信じられている打撃のセオリーだし、当然ながら筋力もスピードも距離も必要になってくる。

でも、私が相手を倒したとき、その条件を何ひとつ満たしていなかった。あまりに不思議だったので、スパーリングの後もいろいろと考えた。偶然だといっても、起きたことを帳消しにはできない。やはりそこでは何か原因があってそういう結果が起きた。なんらかの必然性があったはずなのだ。

実感というまやかし

実感のない力は何の引っ掛かりもないため、「こうしたからこうなった」と直線で結べるような因果関係に落とし込めない。だから、繰り返しのパターンに収められるような成功の法則にはならない。「そのときそうだった」としか言いようがないのだ。

スポーツに限らず、仕事の現場でも、無我夢中でやったらうまくいったという経験をした人はいるだろう。そういうことをラッキーだとかまぐれとして片付けてしまいがちなのは、実感という手応えが得られないからだ。それだけ私たちは実感できる出来事がリアルだと思っている。

　では、実感とは何か。それは「敢えて行っている」といった余計な認識を必ず伴っている。たとえば食事の際、箸を口元に運ぶとき、「いま箸をもってつまんだおかずと箸の重さを感じながら口に運んでいる」などと感じながら食べはしない。箸を運ぶときは、ただ箸を運ぶだけだ。「ただ」の行いは何の引っ掛かりもない。そうなると実感とは、何か不必要なものが混じったときに覚えるものとなりそうだ。

　中国武術では、力任せのことを「拙力」と呼び厳に戒める。拙力とは文字通り拙《つたな》い力だが、実感を覚えられるような力の発し方はまさにそうだ。実感を伴えば伴うほど手応えを味わうのだが、それもそのはずで、実感と聞くと、リアルタイムの出来事に思えるけれど、行為そのものに没頭していないからこそ味わえる感覚なのだ。

　実感は、いま新しく起きていることにまるで向き合っていない隙間に生じる虚《うつ》ろな感覚だ。ズレが実感として自分を照り返しているのだ。だから、それを再現しようとするとき努力が生じる。しかし、その過程には少しも新しい出来事は起こらず、自分の中の古びた感覚を見ているに過ぎない。

　何のことはない。私たちが当たり前と考えている体の鍛え方、動かし方のほとんどが実感のある拙力で構成されている。拙さが強大になるほど実感は情緒纏綿《てんめん》の色合いを濃くし、だから根性や我慢や忍耐といった湿度の高いストーリーが必要になる。

それらと拙力の相性がいいのは、「何かをやっている」ことに対する評価が欲しいからだろう。

無我夢中というように、本当ならばリアルタイムで進行していることに対しては、実感など得られないものだ。そこに、「こうしたからこうなった」という時間軸に沿った評価を持ち込むのは、筋の通らないことをしている自分を納得させるためだろう。つまり、私たちはひどく回りくどいことをしている。

あのパンチは何だったのか

では、スパーリングの際の私はどうだったか。相手をどうこうしようとはまったく考えていなかった。ただ自分のバランスを保とうとしただけだ。

足を止めて打ち合うほど接近したときは、緊張度が高まるから、足を地面に突き刺した軸のように扱ってしまう。息を詰めると視野は狭くなる。いつもなら胸や背中のくつろぎもなく、体が窄《すぼ》まる感覚で、拳を固めて相手にぶつけていた。

ところが自分のバランスをただ取ろうとしたときは、キュッと固まった状態のままでは転《こ》けてしまうので緊張が一時的に解かれ、自分の体勢の安定をはかるのを私の体は優先した。そこでもたらされた安定という状態が、拳を通じて相手に伝わったとき、相手は崩れ落ちた。そのとき、いわゆる力は皆無だった。

しかし、結果的に相手はダウンしたのだから、力は伝わっている。なぜそのような現象が起きたのか。ただのまぐれと片付けるには、胸騒ぎのするような出来事だった。実感がないからこそ力が発揮されたという腑に落ちない体験にざわめきを感じていた。

取り立てて大事件というわけでもなく、まぐれとして流してもいいくらいのさりげないことではあった。でも、自分を刷新してくれるような出来事は、いつだって些細なことなのだ。それをちゃんと捕まえておけるかどうかが、ものの見方の転換になるかどうかの分かれ目になるのではないか。

小学生の頃と大人になってからの二度、心と体に対し、社会通念や常識以外の理解で迫るのを諦めた。概念（しなければならないこと）を自分の体にあてはめ、正しくあろうと努力するよう命じてきた。それ以外の生き方がありえるのではないかと感じたその根拠は、自分の違和感と、常識以外の可能性を示す断片的な光景だけで、そんなものはあてにならないものだと思っていた。

でも、それは誤解だった。明るい日差しの中では弱く見える光も、確実に光を放っている。胸の内に灯《とも》った謎という光は本当は消すことなどできないのだ。ただ、実感できる秩序や価値観や常識といった明確な理由や根拠のほうが強く見えてしまうので、自信がもてなくなる。

諦めるとは、抱いた謎をすっかり手放し、忘れることだと思っていたが、謎というのは捕まったら決して自分から手放すことはできないし、忘れ去ることもできない。忘却はただ謎を沈潜させてしまっただけで、いずれかの機会で必ず浮上してくる。

なぜかと言えば、その謎は、自分が現に生きていることそのものから露出したものだからだ。謎を捨て去るとは、生きることを止めるに等しい。生きながら生きることは止められない。だから沈めてしまった謎は、生きようとする限り、浮かび上がってくる。

そうして私はざらついたわだかまりを抱えた。忘れ去ったつもりの謎とも知らず取り込んだわけだが、今度は芽吹くまで時間をかけるという方法を無意識に選んだ。謎解きの手がかりを、この先出会うであろう人に求めたのだ。

第3章　「基本」とは何か

謎解きの糸口

スパーリングの一件以後、ずっともやもやしていた私は、ある日、たまたま訪れた書店で何の気なしに本を手にとった。それが甲野善紀先生の著作だった。

甲野先生は、江戸期の武術の技の再現とそのための稽古法を研究されている。買い求めた本の中では、昔の日本人の歩き方について次のようなことを述べていた。かつて日本人が歩くときは、現代人のように地面を蹴ったり、頭を上下させたり、体を捻《ひね》ったりはしなかった。身分によって手の置き所が違い、腕を振って歩くようなこともしなかった。

そうした話は、私が行き当たった謎に直接答えてくれたわけではなかった。ただ、歩き方ひとつとっても時代の影響を受けているという指摘は、自分が体験した武道になぜ魅力を感じられなかったかの説明にはなると思えた。

たとえば、柔道ではすり足が大事だと言われている。しかし、実際の攻防の場面では、ボクシングのように頭が上下していた。すり足で得られるはずの体の安定など微塵《みじん》もないのだ。ましてや、体を捻らずに力を発する方法など教わったことがない。だから、体を捻らないで動くという甲野先生の考察に、現代武道には見出せない可能性を鮮やかに感じた。

ちょうど本を読み終えた頃にカルチャーセンターで甲野先生の講座があることを知り、奇妙な符合の連続に好奇心をそそられ、行ってみることにした。

踏ん張らない、捻らない、タメない

初めて甲野先生を間近に見た印象はと言うと、武道家にありがちな威圧的な雰囲気はまるでなかった。むしろ、マイクを使わなければはっきりと聞こえないくらいの声量で話されていて、武張ったところのなさにかえって好印象を受けた。

講座が始まると、先生は「踏ん張らず、捻らず、タメをつくらずに動く」といった話をされた。常識的に考えると、それらを実行してはまるで使い物にならない動きになる。

たとえば、拳で相手を打とうとするとき、私たちはどうするか。まず拳を後ろに引く。同時に足を踏んばり、腰を捻る。こうして力をためてから、下半身の力を肩、腕、拳へと順々に伝えていくだろう。

どんなスポーツでも、より速く、より強くを目指すならば、しっかりと足を踏ん張り、体を捻ってタメをつくり、そこから腰、腕とうねって力を伝えていくしかないと思われている。しかし、これではどれだけ素早く動いたとしても必ず手続きの時間がかかる。一挙動にはならない。私が経験した限りの現代武道も同様の問題を抱えていた。

古の武士はそんなふうに動いていただろうか。そんな動きでは、相手の刀を避けることなどできない。だから手間暇のかかる常識的な動きをいくら練習しても、およそ精妙な術にはならない。甲野先生はそういう話をされた。

その後、先生が何を説明したかまるで覚えていないのは、その話が別の意味を奏で始めたからだ。私がこれまでの人生の中で拾い上げたり、あるいは捨てようとしてきた事柄がカチリとはまって、ひとつの絵を見せられたような気がした。

「小さく前へならえ」への違和感。「わずかに触れるだけ」で人を投げ飛ばしたりするような逸話。自分がなんの実感もないまま動いたことで相手が倒れた体験。それらがつながり、かつて「ありえるに違いない」と想像した事柄について、まさに語られている現場に遭遇しているのを理解した。

異質の手触りの力

我に返ると講義は進んでおり、先生が実演をする段になっていた。これ幸いと私は手を挙げて相手役を買ってでた。一メートルくらいの杖の端をもった先生が私を突く。反対側の端をもった私がそれを押さえるという実験だった。

甲野先生と私は身長はさほど変わらないが、体重も筋力も私のほうが上回って見えた。本気で確かめてやろうと身構え、杖を腰だめにしてもった。先生が「いきますよ」と断りを入れた上でどんと突いた。すると、私はまったく抵抗することができず、ドドドッと後《あと》退《ずさ》りした。何が起きたかわからず、体ごと「？」になった気がした。

目で捉える分には、明らかに前から押されている。けれども力が前からやって来ない。体感では、誰かが私の腰のベルトを摑んで急激に後ろに引っ張ったようだった。目で見ていることと感じていることがまるで違う。

それは、これまで味わってきたものとは異質の手触りの力だった。たしかに、いままでも「かなわない」と認めざるをえないような、相手の力に圧倒されたことはあった。ただ、そういう強い相手は、甲野先生の提唱しているのとは正反対の、踏ん張って、捻って、タメをつくって動くから、一瞬のうちに崩されることはまずない。だから、圧倒されても、粘れるだけの余裕があった。

ところが、甲野先生の技には粘ることがまるでできなかった。たとえるなら、こちらはやる気満々で相手のタックルを待ち受けていて、「さあ、いまだ」と思った瞬間、立っている地面そのものが急にひっくり返されて、呆然としてしまう。そんな感じに近い。

後味が爽やかな技

時間の許す限り先生の技に触れてみたくて、講義の後、さらに手合わせを所望した。私の申し出に対し、甲野先生は「では、どうぞ自由に突いてください」と応じられた。私は利き手で得意のパンチを繰り出すのではなく、意表を衝くつもりで左のジャブを放った。

少しでもそのジャブを取りに来る気配が見えたなら、次の二撃目で、それこそタメの利いたストレートを打とうという魂胆だった。

ところが、最初のジャブであっさりと転ばされた。気づくと甲野先生を下から見上げていて、その風景の変わり具合に思わず笑ってしまった。

映画のアクションシーンのような申し合わせはない。あるいは武道の演武でよく見られるような、「どうしてわざわざ投げられるまでじっとしているんだろう」といった流れのない動きでもなかった。手が一瞬絡んだなと感じたときには、ひっくり返っていた。

それにいちばんの特徴は、じりじりと力でやられたときの後味の悪さ、痛さが残らないことだった。

単純な力まかせで相手をやり込めようとするときは、やる側もやられる側にもわだかまりが残るものだ。後味が爽やかではない。「相手をどうにかしてやろう」という我の張った動きは、丁寧な振る舞いには決してならない。そんな粗暴さに対しては、つい感情的に対応してしまう。つまり、力ずくに対しては「やられてたまるか」というように、他人の我によって自分の我が触発されてしまうのだ。

甲野先生の技にはそれがなかった。投げられても、嫌な気持ちにならない。心の中にわだかまりが生じない。むしろ、爽やかな気分だった。もしかしたら、この技は心に清々《すがすが》しさがないと成立しないのではないか？　俗にいう心技体は嘘ではないのかもしれない。そう思うと無性にうれしかった。その場で入門をお願いし、翌日キックボクシングのジムを辞めた。

基本稽古がない！

それから四年間、毎週土曜に先生の自宅の離れにある二十畳ばかりの道場「松聲館《しょうせいかん》」に通うようになった。

　そこでの稽古は、普通の習い事とは進め方がまるで違った。通常なら「これをまずしっかり身につけなさい」と指示される基本的な動作があるが、それがないのだ。基本らしいものがあるとしたら、体を捻ったり、うねらせたり、踏ん張って力を出したりしないことで、具体的な基本稽古はない。

　非常に実験的で即興演奏のような稽古は、土曜の一時から六時くらいまで行われた。熱心な人は終電近くまで居残って稽古していた。人数も先生と私のふたりきりのこともしばしばで、多くても三人ほど。みなボクシングや柔道、空手、剣道などの経験者だった。

　稽古は、先生が最近気づいた動きや研究中の技を受けるところから始まる。受けといっても、先生の面目を気にして技にかかりやすくするようなことはしない。

　たとえば「腕を持って押さえる」という条件を設定し、それを先生が振りほどくという稽古であれば、こちらも手加減せずにしっかりと押さえる。がっちり脇に抱え込む人もいた。

　しかも体を捻らず、うねらせず、踏ん張らないことが前提だから、腕をしっかりと押さえるといっても、たんなる力任せではない。いわば、食い込まないようにゆるくかけた縄が動くに従ってきゅっと絞まるような、少しでも動いたらぱっと襲いかかれるような体勢だ。

けれども、いくら腕をしっかり持とうとも、先生が動くとたちまち体は投げられまいと反応して踏ん張ってしまうので、あっさり投げられる。

もちろん、先生の技は局部の筋力に任せた拙いものではない。柔道のように、踏ん張った足を固定的な支点にすることはしない。やられまいとこちらが粘るところを、関節をとって強引に投げるといったこともしない。わかりやすい支点がないのでこらえようがないのだ。力の出所を察知しようにもまるでわからないので、その分こちらは不安になって踏ん張ってしまう。

得体の知れないものを相手にすると、つい習慣化した動きが出てしまう。だから、我ながらおもしろいくらいあっけなく投げられ、崩された。

グッと力を入れて踏ん張ったり、ヨイショと体にタメをつくって動くことが、体の正しい動かし方だと長らく身に刻んできたが、実はそれはものすごく単純な支点をつくることに過ぎなかった。

とにかく、いとも簡単に投げられる経験を通じて、ひとつよかったのは、身につけてきた技術は、まるで役立たないとわかったことだった。

これまで「しっかり」だとか「がんばる」方向で自分の体も心も手懐《てなず》けてきたが、そうすればするほど局所的な体の使い方しかできなくなっていたのだ。しかも、そのせいで全力を発揮する能力を押さえつけてきたのではないかと理解するようになった。

見ているものが学ぶべきすべて

稽古が終わると、先生に茶と菓子をふるまっていただいた。そういうときの所作もまた興味深かった。

先生も私たちも畳の上に胡座《あぐら》をかいて茶を啜り、菓子を食べ、冬場であれば茶が足りなくなるとストーブにかけた土瓶で手ずから茶を注いでいただいた。そのときの先生の、すっとストーブに膝《い》行《ざ》り寄り、土瓶を何気なく持ち上げる仕草が印象的だった。

私たちは椅子に座る暮らしに慣れてしまい、地べたに座ることに不慣れになりつつある。椅子に体を委ねることで、いわば足を体から切り離し、上半身だけを使う癖がついているのだ。だから、胡座をかいた姿勢からスムーズに膝行《しっこう》できないし、何かものを持ち上げるにしても肩や肘が張って車のワイパーのようなヒンジ運動になりがちだ。先生のようにひょいと持ち上げることができない。

そのような何気ない仕草を見るにつけ、芸能や職人の世界でいまだに残る徒弟制度は、合理的な教育方法なのかもしれないと思うようになった。師匠の芸なり技なりの肝は、「これが基本だ」といって言葉で抜粋しにくいものだ。日常の所作に触れ、見て取ることがもっとも効率のよい学習かもしれない。

だが、こういう学び方は、手本を見て、それを反復することで上達を目指す現代的な教育に慣れた人は面食らうだろう。松聲館の練習でも、わかりやすい基本的な動作や型がなく、具体的な取っ掛かりが見当たらない。見ているものが学ぶべきすべてといわれても、それでは何を練習すればいいのかわからない。それを考えるのも稽古のうちだった。ひとりひとりが感じ、考える。そうして気づいたことを、今度は門下生同士で試したり、検証したりする。

実験的な稽古の進め方であるがゆえに、人によっては質の向上した動きにならず、試行錯誤にとどまることもあった。それに先生も稽古の際は、研究者のひとりとして臨んでいた。だから技を教えて、それを身につけることを全員に期待していたわけではなかった。むしろ、それぞれが持ち前の才能を発揮し、自分の関心を深めていくきっかけになればと、先生は考えていたと思う。

ともかく、正しいとか善いとか用意された解答に自分を当てはめるのではなく、まず自分で体験してみる。そうでないと自分にとっての本当はわからない。他人の提示してくれた理想に憧れているだけでは、いつまで経っても切実な学習は始まらない。とりわけ基本というものに対する先生の考えは、「自立的に学ぶとはどういうことか」について示唆に富んでいた。

基本とは何か

その頃の甲野先生は「正しい基本をまず初めにしっかり身につけることが大事」という世の中で幅を利かせている考えに疑問を呈されていた。「〝基本が大事だ〟という考えを検討しないまま、教えられた内容にずるずるべったりだと、自分の頭で考えられない人間になってしまう」と。

世間の奨励する「正しい基本」は、おおむね「誰もが同じような動きができるようになること」を目指している。それは平等を保証するとはいえ、平均値に人をとどめようとする抑圧にもなりえるし、自分らしくあることや多様性、寛容さを潰しかねない。私のように「正しい考え」や「正しい動き」に犯されてきた者にとっては、先生の考えに触れられたことはこれまでの体験を解毒する意味でよかったと思う。

いずれにせよ、稽古生は改めて「基本とは何か」「正しさとは何か」について考え、感じることが最初に問われた。

「基本はない」といっても、でたらめに動けばよいということではない。武術の場合、実用性が問われるため、具体的に技が機能しないとたんなる遊びになってしまう。

それに稽古が稽古として成立するには、規矩《きく》となる具体的で基礎的な型を自分で身につけておかなければならなかった。たとえば、「型通りの演奏はつまらない。即興性が大事だ」と言っても、楽器が弾けないと話にならないのと同じだ。だから稽古に参加するため、基本について納得がいくまで考え続けた。

基本とは何か。以前、サーファーに聞いた話が適当なので、それを例にとって私なりの基本観を説明したい。

変化し続ける波の上では

私はサーフィンをやったことがないし、車輪のあるスケートボードでもうまくバランスを取れない。平らな路上を滑ることすらおぼつかないのに、絶えず形状が変わる波を相手にバランスを取るのはすごいことだとかねて思っていた。

以前、第一線で活躍するサーファーのインタビュー記事を読んだことがある。その内容は、私の想像をはるかに超えたものだった。質問者は「どのようにしてそのようなテクニックが身につけられたのか？」と聞きたがっているのに、彼は何ら具体的なことを述べない。ただ、そのとき自分が見た光景のすばらしさを、拙い言葉で語っていた。それは表現力が乏しいのではなく、言葉が追いつかないような何かを感じたのだと、私には思われた。

実際、波のチューブを潜《くぐ》る体験は神を感じるようなことに近いと聞いたことがある。そのような至高の経験をもたらすサーフィンだが、サーファーたちはそこに至る技をどう磨いているのか。どうすれば波に乗れるようになれるのかに関して、何か共通した認識はあるのか。それをサーフィンをしている知人に尋ねてみた。

すると、彼は「自分のやっていることにいちいち力感を覚えているようでは素人で、波に乗る以前の問題だ。それではボードにさえ満足に立てない」と話した。

力感とはグッと力を入れたり、自分が何かの動作をしている感じのことだ。ようは「ボードに立っている」とか「うまく波に乗れた」とか実感できることを指している。

実感が曲者《くせもの》だということは前にも述べた。しかし、私たちの日常は実感をよきものとして捉えているため、それが問題になると言われてもピンと来ない。現に実感できないサービスでは満足が得られないし、反芻《はんすう》できるようなすばらしさを実感しないと感動できない、と思っている。あるいは思い込んでいる。

頭で感じる快楽に、実感は不可欠なのだ。そこには中毒的な魅力がある。人はやはり「あの時のあの感じ」を欲しがるし、繰り返し求めてしまう。快楽は常に執着と結びつき、習慣やパターンとして自分の身に訪れる。本当は感覚には再現性がないのだから、その快楽は実は観念でしかない。頭で感じているだけだ。

ところが現実はと言えば、常に変化し続けている。それこそ刻々と変わり続ける波の上で、ある感覚を再現するとは、「そうであればいいな」と夢想するのと変わりない。それではバランスを保てるわけもなく、呆気なく海に落ちる。

人間はバランスを崩すことを本能レベルで避けたがる。生命の危機を感じるからだ。甲野先生は「世を儚《はかな》んで、これから自殺しようとする人も転びそうになれば、思わず倒れまいとしてバランスを取る」といったたとえ話をよくされた。

確かに死を願うならば、地面に心置きなく頭をぶつけてもよさそうなものだ。たとえ、頭では死を望んでいても、体のほうは生きたがっている。生きたがるとは、具体的には「倒れたくない」ということだ。つまり体は必死に安定を保ち続けようとする。観念にまどろんでいられない緊急事態に遭遇したとき、私たちは一瞬、体に戻る。

けれども、私たちはやはり感覚の甘美さに浸りたがる。だからサーファーの彼は、陸で覚えた基本の型を海上でやろうとするような感覚の再現には意味がないと言うのだ。型は、同じ感覚や動作を繰り返して夢想に耽るためにあるのではない。

観念から体を取り戻す

もちろん、初心者がいきなり海に入ったところでサーフィンはできない。だから、まずは陸で手足の動かし方や立ち方といった基本動作を練習する必要がある。そのことについて、彼は否定していない。

問題は、手順を学ぶと、「こういうときはこうすればいい」といった想定を抱いてしまうことにある。目の前にやって来た波に対して、陸で学んだ動きを参照して、当てはめようとするのだ。そういうふうに内に貯めた知識と体の動きを照らし合わせると、必ず実感が湧く。するとタイムラグが生じ、出過ぎた意識の分を取り戻そうと体はつんのめり、グッと力む。絶え間なく揺らぐボードの上で安定して立ってはいられず、あえなく海に落ちる。

波に乗れるようになるには、いまの自分のままであっては決して乗れないことを海に入ってみて肌で知る必要がある。くだんのサーファーは基本をおろそかにしているのではない。型を型として活かすために、自意識や我の出た動きを否定しているのだ。

だから彼は、「実際のときにはいかに役立たないかを知るために基本を覚える」と言う。基本の型が役に立たないのではなく、現状の自分の体が役に立たないことを知る。その上で理解しないといけないのは、役に立たないからといって、体のどこかに問題があるのではないということだ。

生身の体には何の支障もないのだ。ただ、さまざまな「こうすればいい」「これが正しいはずだ」といった思い込みで生きてきた分、私たちの体は観念的になっている。それでは実際の場面で役に立たないのも当たり前だ。型によって、体にこびりついた思い込みをはがしていく必要がある。

二つの型

それでは、型を覚えてただ動作を反復すればいいかというと、話はそう単純ではない。型が二種類あるからだ。

ひとつは、思い込みによって「こうすればうまくいくはずだ」という結果を求めた型。もうひとつは、自然相手に要求されるサーフィンのような型だ。この二つを分けて見る必要がある。

私たちは、型とは前者のような「そうしなければいけない」と意味付けされたものだと思いがちだ。時にそれを伝統だとか文化だとかのラベルを貼って無闇にありがたがる。

その一方、後者のような、人の思惑で味付けされる以前の型への理解が薄い。型は本来、「そうしなければいけない」ものではなく、環境との関わりで「そうだからそう」なっているさまを示しているものだろう。体という自然には、「しなければいけない」ことなど何ひとつないのだ。私たちの体はなぜこういう体なのか？　最も端的に答えるとしたら「そうだからそう」としか言いようがない。

つまり、基本の型というものは、「これさえやれば大丈夫」という安易な寄り掛かりを許さないのだ。しかし、一般的には、基本は建築物の基礎工事みたいなものだと思われている。基本の型は無条件に依存できる堅固な土台で、熟達や成長はその上に積み上げていくというイメージだ。

甲野先生やサーファーに感じるのは、一見すると堅牢で万全に見えながらも、内実は形骸化した型への警戒を怠らないことだ。どれほどしっかりと基礎をつくったところで、それが思い込みに基づくものならば、いざというときには現実に間に合わない。

特にサーファーの話の肝は、幻の安定に寄り掛かってはならず、目を覚ましておくところにあると思う。そこにこそ基本の意味があるとすれば、これは私が行き着いた考えに近い。

「基本」信仰の底にある願望

こういう話をすると、「それなら基本練習などしなくてもいいのではないか」「やはり基本をおろそかにしては、デタラメな動きにしかならないのではないか」と懸念を口にする人が必ず現れる。

前者の指摘はある意味で正しい。何事もできる人は端《はな》からできてしまうので、確かに基本練習など必要ないのだ。そもそも最初にサーフィンを始めた人は、「サーフィン」をやっているつもりもなかったはずだ。名付けられない、遊びと言ってもいい行為をしていただけで、「やったらできてしまった」のだろう。

だから「基本練習などしなくてもいいのではないか」という疑いは一理ある。できる人は、自らの行いと感覚の間に知識を挟むことなくできてしまうのだから。

次に「デタラメな動きになるのではないか」という心配はどうか。実は基本をおろそかにしているように見えても、できる人は「そのときそうでしかありえない」動きをするので、決して型を外れたデタラメにはならないのだ。それにデタラメで押し通せるほど自然は甘くはない。陸上では個性と見間違われがちなわがままを、海は許してくれないだろう。波という絶え間なく変化し続ける現象に対しては、「これが正しい基本で、この型をしっかり覚えればいい」といった暗記のような習得では決して対応できない。しかも、こうした観念は固定的な動きとして表現されるので、海に落ちる動きは身につけられても、安定して波に乗ることはできないだろう。

私たちは型について大きな誤解をしている。型を学ぶとは、「こうすればいい」といった正解を体に当てはめることではない。それをただ繰り返していれば、いつかご利益があるというわけでもない。

それでも、「基本をおろそかにするな」と言う人は多い。私たちは、「きちんとした型を身につけないと何事も行えない」と信じたいのだ。その根底には自らへの不信がある。建築のように積み上げが利くのが学習だという誤解が、自らへの不信を招いている。それは誤解というよりも、確認できないと不安だから「そう思いたい」という当人の願望の表れだろう。

残念ながら、「そうあって欲しい」と願っても、現実はその外にある。願望の間尺に現実をあわせたところで、不安は余計に募るばかりだ。

私たちは、どうしてそういう考え方を受け入れるようになってしまったのか。不信や不安を拭うには、その受容の過程を見ておく必要があるだろう。

型の意義

サーフィンに限らず、物事を新しく始めた人は外部に手本がなかった。初めてやって来た土地でどこへ行けば水があるのか。目の前で実る果物は食べられるのか。初めて出会う事柄は確かめようがない。それをそれとして見るほかない。

頼れるのは感覚のみで、躊躇《ためら》いなく行けば泉に行き当たった。嗅いで舐めて食べてみたら問題なかった。それを、風に湿り気を感じたとか、なんとなく大丈夫だと思ったとか、事後的に言うことはできるかもしれないが、ようは、「感覚のままにやったらできてしまった」ということだろう。そういう人は天才肌にありがちなように、自分のやっていることを他人にうまく説明できない。

だから型が必要なのは、創始者ではなく、いきなりできてしまった人を見て、「なぜああいうことが可能なのか」と思った追従者だろう。見よう見まねで他人の動きを見て取り、それを行ってみて検証し、再現性があるとわかって型はつくられた。

それはモノマネではない。外見の動きを似せたところで同じようなことができるようにはならないと、追従者は知っている。もちろん、動きをなぞることで、そこに内在している感覚を捉えることは大事だが、私とあなたの感覚は違う。結果を求めて同じ動きを行っても、同じ結果は得られない。結果を求めるのではなく原因を尋ねる。これを型は伝えようとしているのではないか。

型は、個性による解釈を許さない厳密さを備えている。だから優れた型には再現性がある。しかしながら、この世に存在しているものはすべて移ろっている。川は切れ目なく流れるが二度と同じ流れはないように、体の動きも同じ繰り返しはない。

この世に再現性のあるものなどない。

私たちが再現性と呼んでいるのは、実は現象の一貫性のことなのだ。川の流れは、さっきと今とでは何が同じで何が違うのか。その何かが一貫性をもたらす原因ならば、私たちが尋ねるべきは結果ではなく、違うものの中にある同じところだ。その普遍性を伝えようとするのが型なのではないか。

ある型を行って技ができたとする。注目すべきは、繰り返し再現できたように見えるその結果ではなく、何がそれをもたらしたかで、型はそれを伝えようとしている。

型によって体を見る

型は勝手な振る舞いを許さないようにできているので、非常に窮屈に感じる。自分の自由な表現を阻まれているように感じてしまう。それは型が窮屈なのではなく、自分の体が鈍いのだ。

ただし、そんな鈍い体を否定し、型に自分を合わせても意味がない。それでは正しさの観念や信念に取り憑かれ、いっそう鈍い体になるだけだ。また、型からはみ出た自我を消すとは、他人の命令に従うだけの腑抜けになることでもない。

言葉で理解すると、型は形骸化してしまう。そうではなく、感覚で把握する。型の生命は、自分の感覚の精度を目利きできるかどうかにかかっている。

いまの私の理解で言えば、型が大事なのは、それが導く感覚の精細さを通じて体をつかの間見られるからだと思う。私たちは体を見ることがなかなかできない。見ているつもりの体は、ヴァーチャルな体だ。

自分の体がいまどういう状態にあるかを見るには、思考の外に出てみるしかない。そのための良きガイドとして型はあるのかもしれない。型と自分を照らし合わせて見るのではない。型によって私が直接、私を見るのだ。

それは自分の顔を直接見ることにも似ている。頭で考えるとそんなことは不可能なのだが、型によって体を見るとき、ほんの一時、自分がどうなっているかが見える気がするのだ。そのとき、自意識は消え、イメージではない体が現れる。それを感じることが、型の示そうとするところなのかもしれない。私自身の体験から言えるのはそれだけだ。

型は表面的な形や動きのモデルでもなければ、「こうやればうまくできる」というパターンでもない。

「基本が大事」という思考停止

「このパターンを身につけさえすれば、うまくいく」という発想は、教育やビジネスの現場でもいつも話題になっている。それだけ私たちの生きる社会は、見知った正しさから外れることを恐れている。どうしていいかわからず、びくびくした気持ちを誰しも抱えているのだ。そんな大袈裟なと笑うだろうか。似たような考え方は、「会社勤めをすればいい」「この思想を信じればいい」「このマニュアルを守ってサービスすればいい」と生活のあらゆるところに浸透しているのだから、そうそう笑えないはずだ。

学習の体系が整備され、基本が整えられると、たいていの場合、最初の「できてしまった」次元から「しなければいけない」といった次元に落ちてしまう。

そうなると個の体に向き合うよりも、「このようにすれば評価されるはずだ」と承認を期待する気持ちが濃くなっていく。いま私たちがよく耳にする「基本が大事」とは、往々にしてこのような退化したレベルを指している。だから、甲野先生のように基本を疑ってみる姿勢が必要なのだと思う。そうすることで、かえって基本についての考察が促される。

反復できる正解などない

甲野先生のもとでの四年にわたる稽古でさらに感じたのは、他人の期待にかなう動きをすればするほど、窮屈な発想と固い動きにしかならないということだった。体が固定的になるとバランスは崩れやすくなる。

では、「力むからいけないのであれば、脱力すればどうか」と考え、試してみた。なんのことはない。もっと投げられやすくなっただけだった。そこでわかったのは、力を入れるのも脱力するのも、思考のなせる技だということだ。

力を不必要に入れている状態は、「こうすればうまくいくはずだ」という考えに導かれている。その考えの否定もまた別の「こうすればうまくいくはずだ」という正解を求めているのだ。当人は異なる試みをしているつもりでも、体から見ればやっていることは同じなのだ。

あることを行ってみて通用しないのであれば、それを打ち消すことで発展的な段階に到ろうとする。このやり方は、頭の中だけで決着のつく試みであれば、通用するのかもしれない。だが、体に関して言えば、否定が正しさに向かおうとする限り、否定も肯定も変わらない。それは結局、概念の範疇での行き来に過ぎず、現実とは関係のない空論にしかならない。

　必要なのは緊張でも弛緩でもない。「こうすればうまくいくだろう」と考えたところで、あくまで勝手な期待だ。先生の動きを予測しても、予測した分だけ、たたらを踏むか空振りをするかになってしまう。右でも左でも前でも後ろでもない。決して正解が得られない。そういう歯嚙みしたくなるようなもどかしい感覚の世界の存在を、私は稽古を通じて初めて体感した。

現実の裂け目を見出す

　武術の稽古は、何気なく「これが現実だ」と思っている時間や空間に切れ目を入れ、裂け目を見出す行為でもある。同じく甲野先生のもとでひと頃稽古していた元ジャイアンツの桑田真澄さんは、「稽古を始めてから、朝起きて廊下を歩くときの歩き方、ドアノブを回す手の動きといったことが気になってきた」と楽しげに話されていた。

　稽古は道場に限った話ではなく、日常そのものの何気ない所作の観察がすでに稽古だった。体に対しては、自分の外にある理想のモデルを学習しても意味がない。自分で新たに気づくことがない限り、決して深く学べないのだ。

何も正しいドアノブの回し方があるわけではない。けれども、ふとノブに触れた時の感じや違和感から自分の体を眺めたとき、常識や習慣という曇りガラスで見失っている現実を垣間見られることがある。それが稽古でもあった。

それにしても自律的に学習していく稽古は、楽しくも苦しい。楽しい理由も苦しい理由も同じで、これまで経験したことのない世界を体感するからだ。苦しいといっても、息も絶え絶えに体を追い込むといったものではない。自分がこれまで正しいと考え、拠り所としてきたことにこだわればこだわるほど、あっさり投げられ、打たれ、一切の自信を剝奪される。

それでも少しずつわかり始めたのは、「こうすればいい」「こうしなければならない」という考えを自分の体で実行しようとすれば、必ず抑揚のない画一的な動きになることだった。

考えとは言葉のつらなりだ。「腕をA点からB点に動かす」といったように出来事を単線で表すわけだ。だから考えた通りに動くとは、体の動きを単純化することにしかならない。

ところが体は立体なので、思い込まれた正しさの通りにはならない。感覚的にはおかしいとわかっていても、「これが正しい」と与えられた考えの収まりのよさに安心感を求めるとき、考えにはまらない都合の悪いところは排除される。

こうして自分で自分を疎外したとき、手に入れられるのは、しなやかさのかけらもないロボットじみた動きだ。活き活きと生きるという生命活動の根幹からすれば、およそ生きているとは言えない状態になる。

もしも私たちが正しい学習モデルに対し行儀のいい理解をしているとすれば、実のところ自主的な判断を失っているだけかもしれない。

正しくあろうとすることが不安を呼び込む

正しい知識、正しい実践と、学習の目標を正しさに置いているうちは、同じように学んでいる他人と確認がとれるから、安心は得られる。

すると今度は、そこからはみ出ない努力が必要になってくる。いつも頭の中で正しさの軌跡を描きながら、そこから外れないことが精度を高めることだ、と自分に言い聞かせるようになってしまう。いわば他人の考えに自分を譲り渡し、安易な自己否定を心がけるようになるのだ。それは体の観念化に行き着く。体を社会に合わせるよう強いるだけで、自分の体が何かについては一切無視しているのだ。

前述のとおり、このような思い違いを捨て去るのは容易ではない。体の観念化を促す学習は、社会的に大いに認められているからだ。

だが、いくら社会的には正しいと保証が与えられたとしても、現実的に考えるとこうした努力の方向性は錯覚に基づいている。思いを凝らしたり考えられた事柄というのは、常に過去のことだからだ。「正しさから外れないように」と細心の注意を払うのは、過去を繰り返そうとする、現実にはありえない行為だ。

それに正しくあれば、人は安心を得られると思うが、実は正しくあろうとすればするほど不安を抱えることになる。どういうことかというと、「これさえやっておけばいい」というからには、それは必勝不敗のセオリーなのだ。だから「ちゃんと身につけなければならない」。そう思い始めるとき、同時に、「もしも、うまくできなかったらどうしよう」という不安が必ず忍び寄ってくる。

この不安の背景には、社会的な期待にかなうことが善いことだという思い込みがある。その期待に応えなくてはいけない。しかし、できるかどうか自信がない。そこで、不安の穴を塞ごうと、ノウハウや想定がひねりだされる。

もっとも、実際に事が起きたときにそれで間に合うかどうかはわからないので、不安が鎮まることはない。心の内に生じた混沌から目を背けるために、自分にとっての正しさをいっそう信奉するようになる。その結果、不安を抱え、ますます動けなくなる。

不安になれば、必ず体は不安定になる。塀の上や平均台に乗ってみると即座にわかるはずだ。「落ちはしないだろうか」と不安な心のままでバランスを取ろうとすれば、疑いという心の動きが、体の動揺としてすぐさま現れ、落ちてしまう。ことほどさように心と体は同期している。

たとえば、人は落ち込んでいるときに胸を張った姿勢はとれない。やる気になったときは眼の色が変わるし、その前向きな気持ちに合わせて少し重心が前にのめる。心ここにあらずのときは顎が上がる。臆するとどうしても腰の引けた後ずさる姿勢になる。体の浮かべる表情と心を分かつことはできない。

初めて先生の技に崩されなかったとき

心の動きは体に現れる。それを頭では納得していても、体感としてわかっているとは限らない。

稽古をしていて動きに何か嫌な感じがするとき、「なぜだろう」と考えると必ず不安になり、体の動きは止まる。正しい答えを見つけてから動こうとする。頭では、正しく動く必要などないとわかっているのに、いざとなるとやはり自分の過去の経験から正解を探ってしまうのだ。私は、感覚のささやきを聞く耳をもっていなかった。

幼い頃はできたであろう軽やかに動く感覚と再び出会えたのは、稽古を始めて数年後、初めて甲野先生の技に崩されなかったときだった。

先生が「切り落とし」という技で、交差した私の腕を手刀で下に落とそうとした。それまでの私は、誰に命じられたわけでもないのに、その場に根が生えたような姿勢で対抗していた。窮屈な姿勢でがんばろうとすると、決まって息を詰めてしまうし、必然的にぐっと力んでしまうから、自分の中の内圧が高まる。これは心理的に圧力をかけられたときと同じで、嫌な感じが全身を浸す。

けれども、そのときの私は「何かを敢えてする」のではなく、とにかくできるだけ嫌な感じがしないようにした。その場に留まりたくない感じがしたから、素直に従った。そして、しっかり立つのではなく、足元は軽く、いつでも動けるようにした。肩や腕に無駄に力が入ると体の中に詰まりを感じるので、できるだけ滞らないようにして、何の気なしに動いた。すると先生の技に崩されなかった。それまでは異様な圧力を感じていたのに。技とは問いで、このときの私の動きが答えだったのだ。

あのスパーリングでのパンチと同じように、このときも自分の行いに何の力感も覚えなかった。力を出そうとして出すことなく、ただ感覚的に楽に動いたとき、物理的な力が発揮された。自分が何かをやったという実感はない。でも、それでも大丈夫なのだということが少しは理解できた瞬間だった。

概念を生きるのではなく、ただ生きる

このような体験をすると、いったい普段の私はどうなのかと疑問になる。概念に縛られず、ただ立ったり、動いたりしているだろうか。何事にも緊張したり不安になったりしがちなこの性格は、むしろ満足に立ったり歩いたりできていないことに由来するのではないか。常に自分の中に溜め込んだ考えを確認してからでないと正しい動きにはならないという思い込みが、プレッシャーになって緊張をもたらしているのではないか。

私は自分の体を概念（しなければならないこと）の実現を果たすモノだとどこかで捉えていた。そのため正しいパターンを身に付けることを長らく是としてきた。

だが事実として、人は人の考えつく程度の総量によってデザインされたわけではない。それでもなお概念を実現するために生きていると思ってしまうのは、自分よりも背負った荷物を大事にするのと同じだ。それはまったく主体的に生きていない。概念に依存しているだけだ。

概念を生きるのではなく、ただ生きる。

それができたとき、何かの目的や正しさに従わずに、自立して生きることができるかもしれない。

そんなことに少しばかり気付き始めたとき、衝撃的な出会いをする。韓氏《かんし》意拳《いけん》という中国武術によって、自立とは何かについて体ごと考えさせられる体験をしたのだ。

第４章　動かすのではなく、ただ動く

選べる道は常にひとつしかない

韓氏意拳との出会いは、甲野先生によって導かれた。稽古会の休会にともない、甲野先生が「傑出した実力」の持ち主と評した光岡英稔先生を紹介していただいたのだ。聞けば、光岡先生は空手や古流の竹之内流などを学び、十九歳でハワイに渡り武術を指導していたという。ハワイアンやサモアンは、巨漢でありながら敏捷で、ナチュラルに強い。そんな規格外の運動能力を持つ人たちを納得させてきたというのだから、それはもう実力以外にはなかっただろう。

また、現地の様々な武術家と手を合わせ、フィリピンやインドネシアの武術を学ぶ傍ら、独自の術を磨いてきた。それも、「ハワイでは気軽に手合わせを申し込んでくる」だとか、その手合わせも「いきなり金的を蹴ってくる」ような有り様だったと聞くと、日本のような約束事がまるで通じない局面をしのいで来たのだと推察できた。

道場の外のいわゆる武勇伝めいた話は光岡先生の口から聞いたことはない。しかし、身に漂わせている空気から察するに、待ったなしの危機的状況をいくども切り抜けてきたのだろうとは感じた。

以前、光岡先生が思想家の内田樹さんとの対談で、喧嘩でも狩りをする感覚で襲いかかってくるサモアンについて述べていた。内田さんが、そういう人を相手にした場合、「基本的に逃げるしかないということですね」と言うと、光岡先生は「いやぁ、逃げられればいいんですが、危機的な状況というのは逃げられないからこそ危機なんですよ」とさらりと返された。

そういう危機は、たんなる腕っ節の強さや豪胆さでは対応できないはずだ。機を過たず進むことのできる体の持ち主でないと無理だろう。「どうすべきか?」とあれこれ考える時間はない。問いと答えが一致しているから、進むべき道が自ずとわかるのだ。

私たちはいざというときを想定して、シミュレーションを思い描く。そして「こういうふうにもできるはずだ」と可能性について語り、語った数だけ現実の手立てが実際にあるように錯覚してしまう。だが、想定と実際を混同してはいけない。それでは危機に陥れば確実に死ぬだろう。生きる方向に向けて選べる道は、常にひとつしかない。選択肢があると思うのはいつだって幻想なのだ。

光岡先生はその幻想から醒めておく必要を若いうちから知っていたのだと思う。たとえば先生が二十代の頃、ある空手の世界大会にアメリカチームのコーチとして参加したときのことだ。大会後のパーティーには、名誉顧問である自民党の大物議員もいた。武道団体では社会的地位向上のため、理事や名誉顧問に自民党の議員を据えることが多い。指導者たちはこぞって議員と写真を撮りたがり、列をなしていた。それを見た光岡先生は、現代空手が徹底して武道性を失っていることを痛感し、こう思ったという。「権力者に尻尾を振るのに練習はいらない」。

武術が社会に丸め込まれ、眠り込んでどうするのか。社会的地位が人々に見せる幻想や権威がどうであれ、それに縛られず独立した存在として生きる。それが少なくとも武術を学ぶ意味ではないか。既存の権威におもねるのが武術家なら練習などしなくてもできるではないか。そういう考えが光岡先生にはあったのだろう。

そんな自主独立を志向する人が、これまで学び、教えていた武術を一切止めてまで学び始めたのが韓氏意拳だった。私も一も二もなく韓氏意拳を学び始めた。

韓氏意拳が目指すところ

韓氏意拳とは、韓家に伝わる意拳という意味だ。創始者は韓競辰《きょうしん》師である。老師の父、韓星橋《せいきょう》師は意拳の鼻祖、王薌齋《こうさい》に学んだ。王薌齋といえば、中国では「国手」と呼ばれたほどの武術家だ。

順序からすれば、まずは意拳とは何かを説明する必要があるだろう。だが、意拳とは何かと問われても、わかりやすく言うのは非常に難しい。正確に説明しようとするほど、「いったいどこが武術なのか？」と不思議に思われるくらい、世間で言われている武術と似ても似つかないからだ。

わかりにくさの理由のひとつは、たいていの武術は具体的な攻防技術の体得を目的にしているのに対し、意拳はそうではないからだ。目指しているのは、人が本来もっている能力の最大限の表現だ。

意拳の言う能力の表現とは、いわゆる運動神経の良さでもコミュニケーション能力の高さでもない。意拳は、その人がその人として生まれ持って備えている自然の能力を、円満に発揮させるよう促す。

人間にとっての最も身近な自然とは何かと言えば、自分自身だ。だから自分が自分らしくあること、つまり「本来の自分」と自然を分かつことはできない。

では、自分が自分らしくあるとはどういうことか？　もちろんそれは、「ありのままの自分」を認めさえすればいいというような、安っぽい自己肯定ではない。自分が何者かを探求しない肯定は、わかったふりでしかない。

哲学や文学であれば、この問いに対し抽象的に言葉で考えるだろうが、意拳は武だ。体で問うていく。

ただ手を振る

自分とは何か。自然とは何か。それを知る上で手がかりになるのは、自分の体だ。

そこで、自身を知るために入門者がまず行うのは形体訓練だ。これは手を振ったり、回したりする動きで、一見、ただの体操に見える。体操と違うのは、特別な動きや柔軟性を身につけるのではなく、前後、上下、左右、回旋といった人体が本来もっている構造に従い、自分が自然に伸びやかに動いているかどうかを見ていく点だ。その中で自分の手や肩、腕、足がどうなっていて、互いにどのような関係にあるか、動いたときどういう感じがするかを見ていく。

誤解のないように付け加えると、形体訓練は基本の型ではない。それを通じて自然の動きを習得するのではないのだ。自然はそうしようとしてそうなれるものではないからだ。

意拳の特徴は、自分の行いを「ただ見つめ」「感じる」ところにある。特別な動きのモデルを自分に当てはめ、うまくできるかどうかを評価して矯正するのではない。自分がただ手を前後や左右に振ったとき、どういう感じがするかを観察する。判断せず目撃に徹する。

意拳には技や術の習得はない。風や波は技巧を凝らして吹き、寄せるわけではない。それと同様に、形体訓練の動きも、巧みに行ってみてもまったく意味がない。

この「ただ行う」がとても大事なのは、ただ行っているときにこそ、何に囚われることもない自分らしい動きが表れ、その人の全能力が発揮されているからだ。

しかし、「ただ行う」や「伸びやかに行う」はなかなか難しくもある。形体訓練のいちばん最初の動き、手を前に振る「前擺《ぜんはい》」を例にとってみる。「手をただ前に振るくらいわけもない」と思うだろうが、初心者が実際にやってみると、体が傾いていたり、膝でリズムをとっているから頭が上下したり、肩と腰が参加していないから平面的な動きになっていたりする。体の部位がてんでバラバラで、「ただ動く」とはほど遠いものになってしまうのだ。

私の場合、十年間ほぼ毎日サンドバッグを叩いてきたせいで、拳をぎゅっと固める癖がついていた。だから、カバンを持つような日常の所作であっても、何かものに触れた瞬間、足が止まり、手がぎゅっと緊張してしまう。外部のものに触れたときがインパクトを与える瞬間だという条件づけが染み付いていて、それが日常の体にも現れてしまっていたのだ。そういう体の引きつりが、ただ手を振ったり挙げたりする動きの中で出てきて、伸びやかになれなかった。

動くことと動かすことの違い

次いで「玉鳳飛翔《ぎょくほうひしょう》」という動作がある。腰の位置から肩の高さまで手を前へ伸ばし、そこから手を横へ広げ、後ろへと送る。平泳ぎのような動きだ。

このとき、「伸びやかさ」と「伸ばしてしまうこと」の違いが、当人にはなかなかわからない。

伸びやかであれば、心地よさを覚え、一筆書きのように滑らかな運動になる。体のどこにも無理がかかっていない。

一方、伸ばしてしまうと、腕が棒状に固まってしまう。そのため、次の動きに移るには、いったん力を抜かないといけない。止めてから動き、動いては止めるから、ちょうど玉突き事故のように体がもたついて、ぎこちない金釘流になる。

この違いは、何によって生まれるのか。

すでに述べたように、人の体には切れ目がない。生命運動にも切れ目はない。心臓の運動がいちいち途切れていてはたいへんだ。しかし、そこに唯一断絶が起きるときがある。それは、意識的に「こうすればいいのではないか」と考えて、何かをするときだ。

頭を使って体を動かそうとすると、決まって局部に負担をかける動きになる。頭は欲張りだから、たとえ不自然な動きであっても、体に命令することができてしまう。

意拳では、頭は体に命令する存在ではなく、ただ指示するだけで、それ以上の役割は期待しない。余計なことはせず、指示の後は体に任せ、ただ行いを見ておく。ちょうど植物の観察のように、あれこれいじくることなく、ただ花が伸びやかに咲く様を見ておく。

とにかく伸びやかであることは大事なのだが、意拳の学習は伸びやかさを「理想のモデル」にして現状の自分の動きを正すわけではない。自分の感覚に注目することで、伸びやかに動くことを自然と学んでいくのだ。

だいいち、伸びやかになろうとしてなれるものではない。そういう意識を持った途端、必ずぎこちなくなる。だから、やってみるほかないのは、「自然と伸びやかに動く」には正解がないからだ。意拳には、「うまくできることはいいことだ」という考えの登場する余地がはじめからない。

本来の自分を再発見する

「玉鳳飛翔」をうまくやる方法はないし、上達もない。ただ心地よく、自然であるかどうかだけが問われる。

手を前から後ろへ送るだけの単純な動きであっても、社会の中で特定の考えを身につけて生きることを疑わない現代人にはひどく難しい。

けれども一方で、「うまくできるかどうかではなく、ただ動く」という教えはとてつもなく爽快に聞こえる。「あなたがあなたであっていい」という絶対肯定のメッセージでもあるからだ。

「あなたは何かを学び、獲得しない限り、評価されない」というのが社会の基調であるならば、意拳を学ぶとは、見失っていた本来の自分を再発見する過程でもある。これは意拳の魅力のひとつだと思う。自分を他人の考えに明け渡す必要などないし、あれこれ考えて動く必要もないのだと、改めて気付かせてくれるのだ。

それにしても、武術と名乗るわりには、摑みどころのない説明だろう。ただ、本来の武術とは、相手を倒すことではなく、活き活きと自分らしく生きることをまっとうするものだと捉え直せば、意拳についての理解は深まるのではないかと思う。

だから意拳には「相手の攻撃をこのように防いで、こうして返す」といったパターンの練習はない。自分の生命をまっとうすることに主眼を置いているのだから、相手に対してどうこうするなど眼中にはない。

王薌齋は、「私の言うことを聞かなくてはいけないが、私の言うことを聞いてもいけない」と言ったという。注目すべきは、師の言うことでも、意拳らしい形でも技でも動きでもなく、どこまでいっても自分である。意拳では、他人による承認ではなく、独善であることがとても重要だ。生きることは極めて個人的な行いでしかないからだ。

「ただ立つ」という稽古

ここまでの説明で、意拳と他の武術の考え方がどう違うか、ある程度わかったと思う。しかし、違いはまだまだある。意拳には、「ただ立つ」を意味する「站樁《たんとう》」という稽古法があるのだ。動きをまねて会得することが学習と思う人にとっては、これはもはや「動き」ですらない。

なぜ「ただ立つ」ことが稽古になるのか。多くの人には意味不明だろう。

站椿にはいくつか姿勢がある。一例をあげれば、胸の前で何かを抱えるような姿勢で軽く膝を曲げて立つといったものだ。

どの姿勢にも共通しているのは、足の開きは肩幅くらい、軽く膝を曲げる。決して棒立ちではなく、いつでもサッと動き出せるような楽な姿勢をとる。要求されている形はありふれており、なんの変哲もない。

「ただ立つ」だけなのだから、どの姿勢も難しいものではないはずだ。ところが、やってみるとこれほど難しいものもないのだ。稽古を始めたばかりの頃、そういう姿勢をいざとると、ほんの数分もしないうちに体が重くなってきた。股が強張り、肩が詰まり、足の裏が固くなる。すぐに、いつでもサッと動き出すには程遠い体になってしまった。

どれほど体力がある人でも、形を保つことを目的にすると、たちまちつらくなる。たとえ我慢して形を維持できたとしても、それでは内実のない稽古になってしまう。そもそも、站椿の稽古では忍耐力はまったく問われていないのだ。

なぜつらくなるかというと、立とうとして立ってしまうからだ。立つことが苦行になるのは、「こうすればいいはずだ」と考えて、銅像のように固定した構えになってしまうからだ。

体は生きている限り、刻々と変化している。だから、体を固めてしまうことは、死体になろうと努めているにも等しい。

リアルな体に出会う

もう少し仔細に見ていくと、私が站椿をしていて苦痛になった原因は、自分の体を、足首から下半身、上半身と構造物を積み上げるようにして捉えていたことにあった。

現代人の多くは、自分の体をこうやってパーツに分けて眺める癖がついている。洋服を着るときは、ウエストを境に上半身と下半身のコーディネートを考えるし、「二の腕のたるみ」や「引き締まった腹」などと、さらに細かい部位を切り出すこともよくある。

その結果、私たちは、体を全体として把握することが下手になっている。それどころか、自分の体をパーツの集まった構造物として見做《みな》すほうが、体に対する感度が高いとさえ思っている。

だから、立つときにも、「足首はこの角度で、それにあわせて膝はこういう具合に」というように、パーツを積み上げる要領で理想のイメージを描いてしまうのだ。

それに私の体は、キックボクシングの影響で、左右の足の開きや長さが異なる上に、骨盤も歪んでいた。軽く膝を曲げて立とうとすると、バランスの悪さがあからさまになる。すると、不快感が襲ってくるので、「いまの姿勢はちゃんとしていない。これではダメだ」と考えてしまう。その歪みを正しさに揃えて微調整すれば、ちゃんと立つことになると、どうしても思ってしまうのだ。

そうやって慎重に体を調節したとしても、意識がわずかでも股関節などの部位に向かうと、途端に全体のイメージはバラバラになる。また最初から組み上げて、足の位置を変えたりだとか仕切り直しをする。とにかく私は、イメージと実際の体を合わせようとしていた。これが「立とうとして立ってしまう」ときに起きる現象だ。

イメージの積み上げをしていると、足が張ったり、腹が抜ける感じがしたり、力の入った部分と虚ろな部分とが生じてしまう。そういうことが起きるのは、自分の体を操作し、イメージとの辻褄合わせをしようとしていたからだ。

そもそも体は観念の辻褄合わせといった、よく出来たつくり話に合うようにはできていない。だから、力が入りすぎたり抜けたりする部分ができてしまう。站樁でまじめに自分の体と向き合っているつもりでも、実際に取り組んでいたのはバーチャルな体だった。実体ではなかったのだ。

　站椿とは何かという問いに「これだ」と言えるだけのはっきりした体得は、私にはまだない。けれど、ひとつ言えるのは、この稽古はバーチャルな体を通じ、リアルな体に出会う方便ではないかと思っている。

正しさとは無縁の快活さ

　立とうとして立ってしまうとき、知らぬ間に人はバーチャルな世界を生きている。しかも、それが私たちの体の日常的なあり方だ。

　たとえば、「評価される結果を出そう」と思って仕事をするとき、評価も結果もすべて過去や未来のことであって、いま現在というリアルさはどこにもない。そのとき私たちは、「いま・ここ」とは無関係な地点で想定された理想を現在に持ち込み、自分を点検する眼差しを自分に向けているはずだ。そういう視線は普段の暮らしではまったく問題にされないだろう。

　しかし、意拳では大いに問題ありとされる。そういったジャッジを自分に許すとは、「自分はいつも足りていないのだ」と罰することに他ならないからだ。ジャッジの評価基準は他人の思惑だ。いまの自分にできることを見もせず、他人の評価にかなうよう行動するとき、限りなく自分を損なってしまう。自分を裁くとき、ただ自然に伸びやかに行うことから遠く隔たってしまう。

自分らしく行うことを自分に禁じるから、「自分らしくある」ことと「そうはできない自分」の隙間を期待や目的で埋めようとする。すると、「自分が何かをしている」といった実感が生じる。何かをしているのは確かだが、それは誰かのフリをした行いでしかない。

意拳の始祖、王薌齋は「一具体便是錯(ひとたび具体的になれば、それは誤りである)」と言った。ありありとした実感があるときは間違った方向に稽古が向かっている証なので、いったん站椿を止めて楽な姿勢をとってみる。そうして静かに体の声を聞かなくてはならない。自分が自分として生きているかどうか、体に教えてもらうのだ。

現代人が体に対して素直になるには、勇気を要する。私たちは自分の体すら社会の声に従わせなければいけないし、それが善いことだと思い込んでいるからだ。

善し悪しではなく、ただ楽な姿勢をとるとき、そこに快活な感じが湧いてくる。こうした愉快さを私たちは忘れているし、味わうことを怖れてもいる。正しさから逸脱すると思っているからだ。

快活さは形をもたない。形がないゆえに、特別な実感もない。正しさとも無縁だ。站椿では立つという形から稽古は始まるが、形を通じて見たいのは「理想通り、正しく行えているかどうか」ではなく、生命力の躍動そのものだ。躍動は固定した形がないからこそ、千変万化の動きを可能にする。

冬を越した木々の芽吹きに感動するのは、そこに溢れだした生命力のほとばしりを感じるからだ。ほとばしりは目には見えない。しかし、無形の力を確実に感じる。そのほとばしり、快活さは身の内にもある。というよりも、私たちは生命のほとばしりそのもののはずだ。それをつかまえるのが站椿でもある。

だから、站椿はじっと形を保つ稽古ではなく、伸びやかさ、快活さそのものであり、爆発的な変化の直前のような愉楽に満ちた状態を味わい続ける稽古だとも言える。「静中有動」とはそういうことかもしれない。その充満した状態は、たとえて言うなら冗談のオチを聞いてから笑い出すまでの真空に似ている。

ただ手を挙げるだけなのに

站椿では静かに立った後、ただ手を挙げる。これを「挙式」という。頭上に上げた手を肩の高さに下ろし、今度は何かものを抱えるように手前に持ってくる。これを「抱式」という。

普通に立ったとき、手は自分の両側にある。脇は少し空き、肘も軽く曲がっている。これは誰かに指示されてとったポーズではなく、体の構造から自然と導き出されるものだ。そこから手をただ挙げていく。

稽古では挙式の際、光岡先生が手を軽く押さえる。私が挙げようとするのを邪魔するというのではなく、あくまで軽く添えるだけだ。意拳の教授が多くの武道やスポーツ、教育と大きく異なるのは、モデルを示して覚えるようなやり方ではなく、「手《ショー》把手《バイショー》」といって直接手を取って感覚を伝えるところにある。

このようにして先生が手を添えるのは、私がごく自然に手を挙げているかどうかを見るためだ。しかし、ここで問題が起きる。わずかに触れている相手の手を障害物のように感じて、その手をどかそうと力が入ってしまうのだ。触れられていると意識しただけで、足や肩が緊張し、動きが固くなってしまい、ただ動くことがかなわなくなる。

いついかなるときも、自然に、伸びやかに、相手にとらわれず、ただ自分の動きをする。他人の手をどかすためではなく、ただ自分らしく動けるかどうかを試してみる。站樁はそういう稽古なのだが、ついつい先生の手をどけることに必死になってしまう。
意識してしまった相手に合わせた軌道を選び、わざわざ自分を動きにくくしているようなものだ。それはパントマイムじみた動きでしかない。そのとき私は「手を挙げる」という目的にとらわれ、相手をどかすためだけの存在になってしまっている。

幻想の世界と現実の世界

頭ではわかっているのにそうなってしまうのは、相手とぶつかったときに強烈な手応えを感じるからだ。

まず、自分の行く手を遮られたという不快さがある。同時に、その分だけ実感を覚えるので、安心感もある。だから、自分の行いがとてもリアルに感じられる。しかも、そのリアリティの中で「こうすれば挙がるだろうか」と方法を講じたほうが、現実的で確かな気がしてくるのだ。

このリアリティは、私たちが子供の頃から習い覚えた「正しくあろうとする」ことによってつくられた幻にすぎない。本当のリアルは、手をただ挙げることができないという事態のほうだ。それは危地と言ってもいい。というのは、これまで学び、育んできた「物事には正解があり、正しく理解して実行すれば結果が伴う」という考えがまったく通用しない状況だからだ。

ところが危地にもかかわらず、「こうすればいいのではないか」とか「以前はこれでうまくいった」というような、ノウハウで切り抜けようとしてしまう。

冷静に考えればわかるように、ノウハウとは過去の成功体験でしかない。かつての経験でいまの危機を解決できるわけがない。それはかつて経験したことのない未知の出来事なのだから。

手をただ挙げることができないのは、伸びやかさよりも自分の実感を重んじるからだ。

つまり、幻想の世界に浸り、現実の世界に躍り出ていないということだ。

ニセモノの自立

幻想の世界は、私たちがひとりひとり独立した存在であることも見失わせる。

手をただ挙げられないのは相手のせいだ、と思ったとしよう。そのとき先生が急に手を離したらどうなるか。私はバランスを崩して前につんのめってしまう。自分の膠着していた状態は、実は相手に依存していたから起きていた。依存先がなくなると自らの足で立っていられない。自分では「障害物があるから問題だ」と思っていたが、障害物がないと困るような状態に自ら仕立てていたのだ。

その上で理想の手の挙げ方を考え、実行しようとしていた。問題と理想を作り出し、理想の実現方法まで考え出していたわけだ。実感とは葛藤の手応えであり、幻想にほかならないのは、この例からでもわかるだろう。

このような思考のサイクルは、現実と接点をもっていない。しかも、瞬間的に脳裏をかすめる。それだけ人は、現実からあっという間に逃避してしまえる。思考を私たちはありがたがるが、瞬時のうちに迷いの道に入ることとそう変わらないのだ。

だから「ただ動く」「ただの自分である」とは、生きることに手段もノウハウも本当は必要ないと、迷いから醒めた状態を指すのだろう。そのとき葛藤も不安もなく、ひたすら自分を全うするだけの無我夢中を生きることができるのではないか。

おもしろいことに、ただの自分が自然と手を挙げるとき、手を添えた相手は後退する。傍目《はため》には、グッと踏ん張って挙げるわけでもないので不思議に思える。体の自然に任せたとき、局部の拙力ではなく全体が動くので、結果として相手には物理的な作用として伝わるのかもしれない。本当のところはわからない。ただひとつわかるのは、自然の現れを人為的な妨害で止めることはできない、ということだ。

未知に対し、既知では対応できない

それにしても、站椿のような地味な稽古をしていて武術的な強さは得られるのか、と疑問に思う人もいるだろう。

試合やルールというものさしで測れる強さを期待しているのなら、試合やルールのある武術を学べばいい。だが、意拳の学習者には、実戦的とされる格闘技や他の武道を長年練習してきた人も多い。なぜそういう人たちが意拳の門を叩くのか。おそらく、たくさんの技を学んだとしても、根本的な問題の解決にはいたれなかったからだろう。

どれほどのパターンを身につけ、相手を想定しても、いざというときには決して役に立たない。未知に対し、既知では対応できないという根本的な問題が残りつづけるのだ。

実戦的な武道の経験者なら知っているのは、窮地で役に立つのは決して技やパターンではなかったということだ。そのとき自分を導いてくれたのは感覚しかなかった。しかし、それは言語化できない。言語化できないから、なぜ勝てたのかわからない。セオリーにはならないため、勝てば勝ったで不安になる。

意拳は、ノウハウという知識ではなく、自分のそのときの状態に注目するように言う。いざというときにどこに着目すればいいかわからなくなる不安を知る経験者は、意拳のシンプルな教えに、積年の胸のつかえが取れるような思いをするようだ。

打撃の真髄

意拳を学ぶ中で目から鱗が落ちるような経験は、人それぞれだろう。長年相手を叩く練習を続けてきた私が最も驚かされたのは、打撃に関する意拳の捉え方だった。

ふつうに考えれば、打撃とは、相手を目掛けて打つものだ。私もずっとそう思ってきた。しかし、意拳では、相手は「対象」ではなく、「通過点」にすぎないという。だから、わざわざ相手に合わさなくとも、自分の動きさえすればいいのだ、と。

相手を目標にして打つのではない。自分の自然な動きの線上にたまたま相手がいて衝突した、という感じだ。

だから、打とうとして打つことがない。実際、ただ自分が動いただけという感じしかない。それなのに、接触した相手は後退する。崩れる。こういうコンセプトは、これまで経験した武術とまるで違った。

相手を打とうとすると機を逃す。相手に合わせようとすると焦りが生じ、動きが遅れる。合わせるのではなく、合うようにすると、ちょうどいい動きになる。よく弓や射撃の名手が、的を狙うのではなく「的に当たってから放つ」と言うが、それに近い感覚かもしれない。そのとき、自分は速く動こうと思っていなくても、速さとして表現される。

ただ、こういう動きは手応えがないので、やった当人もにわかには信じられない。それぐらい、相手に働きかけるには意識して力を発揮するほかないという思い込みは強いのだ。私たちは、その強固に信じられた体系の外に世界はないと思ってしまっている。

形ではなく、自分のことを

意拳を始めて気づいたのは、自分がこの世界に投げかけているものの見方、感じ方の網目がかなり粗いということだ。拾い上げていない景色が多すぎるのだ。

視野の外の世界のほうが実際は圧倒的に広いのだが、見ている光景がすべてだと思ってしまう。だから私は、形体訓練や站椿でいう「伸びやかさ」がなかなかわからなかった。というよりも、そういう感覚を自分に許すことができなかった。そんなものが力になるとは心底信じられなかったし、伸びやかさよりもきちんとすること、快活さよりも正確さが力になるのだと信じたがる自分がいた。

問題は私の脳にあった。快活で楽なはずの姿勢すら、特定の「快活で楽な形」に自分をはめることだと思ってしまったのだ。それでは快活さも楽さも体から失われる。

そもそも私という存在は絶えず変化していて、特定の形にはなれない。にもかかわらず、「形通りうまくやろう」ときまじめにも思ってしまうのだ。すかさず光岡先生に「形ではなく、自分のことをやりなさい」と指摘される。

まじめさを重んじると感度がきまって鈍くなる。視野が狭くなる。私がそうであったように、「形」を見たいのか、それとも「形を通じて伝わる感覚」を見たいのかの違いがわからなくなるからだ。

かりに誰かにプレゼントを贈るとしよう。もちろん儀礼的な贈答であれば、プレゼントという「形」に意味を見出すだろう。けれども好意を寄せている人に対しては、形を通じて「気持ち」を届けたいはずだ。ものではなく、ものに託した心を伝えたいと思っている。

私たちが誰かからの贈り物にときに感動するのは、形や贈与という行為それ自体ではなく、そこにさりげない心遣いや優しさを見るからだろう。本当に伝えたいのは、いつだって「それではない何か」で、それをわかりあえることが喜びにもなる。

体の構造がもたらす合理性

形を通じて伝えたいのは、「形ではない何か」なのだ。だが、目に見える形ではっきりと確認できることが良いことだという傾向の強い昨今では、形式が整っているかどうかに目がいきがちだ。最も身近な自然である自分の体も、形に合っているかどうかというジャッジの視線で捉えてしまう。

そのとき、「その形（姿勢）は自分にとってどういう感じがするか？」という体への問いかけを失うのだ。

それでも時々は体の語る言葉に聞く耳をもつこともある。それは考えが正しく実行されたからではなく、新たな動きが伸びやかさを通じて訪れ、体の現実が理解できたときだ。

たとえば站樁の「抱式」だ。先ほどの「挙式」で挙げた手を、肩の高さからものを抱えるように手前に持って来る。このとき自然と手や手首、肘、肩の角度が三角形を成し、斜面を形成する。これは体の構造が自然にもたらす合理的な構えだ。

すると、先生がこちらの腕を押し下げようとしても、肩や腕といった一部の力で抵抗するのではなく、体全体で相手に応じているので、まったく問題に感じられない。不安にもならない。

また相手が直線的に打ってきた場合、こちらは斜面なので自然と相手の攻撃は滑って逸れ、こちらの拳が相手にあたるようになる。これもまた、理想的な構えから導き出された動きではなく、「そうだからそうなる」と言うしかないものだ。

体はこんなふうに、何も特別なことをしなくてもいいし、自分を信頼して自然にしておけばいいのだと教えてくれる。ただ残念ながら、その感覚は長くは続かない。すぐに抱式の形を保とうとしたり、理想の形に合わせようとしたりしてしまう。せっかく迷いから醒めても、また眠りに落ち込んでしまう。

そのようなことが起きるのは、「他者のようになりたがる」病のせいだ。実際、そう煽る情報には事欠かない。テレビや雑誌では、モデルのように見栄えのいい立ち方であるとか、健康に役立つ姿勢であるとか、いろいろな情報が溢れているし、実践している人もいるだろう。

けれども、それを二十四時間続けろと言われたらできないのではないか。自分を装うにも限界があるからだ。他者をモデルにすることで、本来の自分ではない自分になることに一時の高揚は味わえるだろう。しかし、それは普段の自分のありようを無視しているだけのことかもしれない。

観念と実体のズレ

そもそも、立つことに「立ち方」という方法があるわけではない。いま立っている、この何気なさがすべてで、それがその人らしさでもある。

それなら意拳のように、わざわざ立つことを稽古する必要はないはずだ。確かにそうなのだが、厄介なのは「ありのまま」にはふたつの次元があることだ。

ひとつは、その人にとって普通であり、「自然に感じている」という状態。もうひとつは、自分は自然に感じているが、体が本来持っている構造からすれば不自然な姿勢や動きになっている、という状態だ。

そして、頭にとっての「ありのまま」と、体にとっての「ありのまま」は、しばしば食い違う。自分の感覚は自分にとって嘘ではないが、それゆえに自分を騙すのだ。

自分にとって何気ない普通のありのままが、あるがままの自然とは限らない。むしろ、これまでの人生で「これが正しい」「これがいいことだ」と思い、自分の体をいじくってきたのだ。体がもっている構造から外れた動きをして、偏りがついているのに、それを自然に感じてしまっている可能性のほうが高いだろう。

自分の偏りは、それを見る目が育たない限り問題として映らない。ただ、ときおり体は、不快感や怪我という形でその不自然さを教えようとしてくれる。しかし頭はなかなかそれを聞き届けない。それほど人間は、自分が自分にとって普通でありながら不自然という二重写しを当たり前に生きているのだ。それは観念と実体のズレと言い換えることもできる。

重心は常に自分の外にある

ズレをズレと気づかないまま当たり前のように生きてしまえる。そのことがよりはっきりわかるのは、動の稽古に移ったときだ。動の稽古と言っても、站椿と本質的に変わるわけではない。わかりやすく言えば、站椿で静の中に動を求めた後、「歩法」を始めとした動の稽古に移る。

歩くのは立つのと同様、ごく日常的な当たり前の動きである。それを稽古するとはどういうことか。

足を出して前に進むとき、問題になるのは重心だ。武術に限らず、いろいろなスポーツで、重心をどう移すかは大テーマになっている。一般的に、重心は、体のバランスを保つ不動の一点としてイメージされるだろう。しかし、韓氏意拳の重心の捉え方はすこし違う。

まず、細かいことのようだが、韓氏意拳では、重心「移動」ではなく、重心「転換」と呼ぶ。私は転換の内実をまだまだ理解していないが、その言葉を使って表現しようとしていることはなんとなくわかる。それは、重心とは自分でコントロールできるものではない、ということだ。重心は、自分の身の内にはないのだ。だから、操作して移動させることもできない。

たとえば、対面した相手が私の両腕を押さえているとする。その状態から重心を移動させて前に進もうとすれば、必ず相手とぶつかる。もちろん、姿勢を低くしたりして力を込めれば前には出られるが、そうするとまるで自分が肉の塊になったような嫌な手応えが残る。

しかし、力を込めるのではなく、ザルを振るうように、あるいは空中に浮いたハンドルを回すように両腕を動かすと、相手は私の手を押さえられない。さらにその場で足をパタパタと動かせば、相手は私の手を持っていられないほど大きく揺さぶられ、後退する。

このとき、私の重心は身の内にはない。むしろ、身の内にあると考えて動かないから、大きな力として相手に作用している。

韓氏意拳では、重心は自分の外にあると考える。いや、考えたからそうなのではなく、「事実そうだからそう」なのだ。重心が外にあるから人は自由に動ける。そして、その重心のありかは、「ここ」と特定できない。特定できないから、コントロールすることもできないのだ。

重心は、観念的に考えたときのみ「ここだ」と名指すことができるが、それは実体とは大きく異なっている。

自己否定を断ち切る

先ほど述べたように、私たちは、自分が自分にとって普通でありながら不自然という二重写しを生きている。そういう自分が自身を見るとき、当然見えてくるものも二重になっている。実体が、つまり本来の自分が何であるかを知りたいのに、はっきりと見えないのだ。

私たちはそういうカオスに耐え切れず、善悪や正誤の基準を持ち込む。そうすれば明晰に物事が見えると期待する。それくらい物事を割り切りたくて仕方がない。けれども、そうした基準を持ち込む瞬間が命取りとなり、かえって本来の自分を見失ってしまう。善悪や正誤をもって自分をジャッジするとき、自己否定を必ず開始するからだ。

たとえば、何かがうまくいかないとき、「だからダメなのだ」「だから向上しなくてはいけない」と思いを新たにするだろう。これはいまの自分を否定するということだ。そのことで確実に自分が見えなくなる。

私たちは自己否定にものすごく長《た》けている。幼い頃からきちんとすることがいいことだと教育されてきたので、物事を否定すれば正解が得られると思っている。そのやり方を、自分の体にも当てはめればいいと思っているのだ。

だが、どれほど否定しようとも、こうしていま現にある自分の体を否定することはできない。自分のことが嫌でたまらず、「おまえなんか嫌いだ。どこかへ行け」と小突いたところで、小突かれるのもまた自分なのだ。理想を持ちだしてもいっそう嫌悪は募り、現状に足踏みするばかりだろう。

まずは自分と折り合いをつけないと新たな一歩は踏み出せない。悩みをこねくり回すのではなく、外に出てみる。外はどこかと言えば、外はあくまで外で、どこだとも言えない。だから動いてみるほかない。

バーチャルな体の起源

生命は片時も休むことなく運動している。動き続けることが生きることで、生きるとは運動そのものだ。身動きがとれなくなる状態に自らを追いやるとは、死に近づくことでしかない。生命は生きることを選びとる。前進しようと常に試みる。

しかしながら、人は現実の体に向きあうよりも、さしあたって否定することをごく当たり前のように受け入れている。自分の中に理想を置き、知識や情報などによって解決を求めることが唯一であるかのような認識を、「自然」に感じるようになってしまっている。これはかなりの倒錯ではないだろうか。

自分の中に外から理想を持ち込むとき、体は「現実の体」と「ヴァーチャルな体」に分かれる。そのとき、現実の体は居場所を失い、生きることが虚しい感覚に覆われてしまう。だから、次から次へと目新しい情報や考え方を取り入れなくてはならなくなる。しかし、その虚しい感覚は、自己否定によってつくられた幻にすぎない。

理想と現実、善悪や正誤と、私たちは言葉を覚えると同時に物事を二分して考えることを学んだ。そして、物事を二分して比較することが、客観的に見ることだと思うようになった。

たしかに客観的に物事を捉えるのは大事である。何かを冷静に見つめるには、自分と対象とを切り離しておく必要がある。

しかし、切り離せない場合もある。たとえば、生命と私たちを分けて見ることはできない。それなのに、今では分けて考えることが当然のように行われている。

私たちが大好きな自己否定は、分けてはいけないものを分かつときに訪れるのかもしれない。自分の体は唯一のもので、絶対に分けられない。それなのに、ありえたかもしれない仮定の自分を本来の自分に重ねるとき、理想というヴァーチャルな体が生まれてしまう。

ただし、このことが問題だとわかっても、このアイデアから脱却するのは容易ではない。というのは、先ほど述べたように、私たちの「ありのまま」には二種類あって、どちらが体にとっての「ありのまま」なのか、なかなか見分けがつかないからだ。

つまり私たちは、自分自身を見ようとすると、どうしても焦点がぶれてしまう存在なのだ。そして、ぶれることは決してネガティヴなことではない。その振動は、私たちが運動し続ける生命であるがゆえに、もたらされているのだから。

幼子の自然な能力の現れ

自分は自分でしかない。だから、理想の自分も、正しく振る舞う自分も必要ない。そうしたことに気付くのも稽古であり、それは道場だけで学ぶものではなかった。

以前、こういう光景を見た。よちよち歩きを始めたばかりの赤ん坊が公共施設の大きなガラス戸に歩み寄り、それを押し開けたのだ。周りで見ていた大人たちは「すごいね」と無邪気に誉めたのだが、私は驚いた。というのは、赤ん坊の開けた扉を大人の寸法に換算すれば、五メートルくらいの高さになるだろう。そんなに重い扉を、よちよち歩きで踏ん張ることなく開けるなど、なかなかできることではない。

また、後日スーパーマーケットで四歳くらいの女の子がおやつをねだっていた。母親が子供を無視して立ち去ろうとした際、彼女がスカートを引っ張ったところ、母親は大きくよろけた。それも踏ん張ってではなく、ひょいといった調子だ。

どちらも筋力任せではなかった。ただ自然に行ったとき、そのような働きが生まれたわけだ。

私たちが力と呼んでいるのは、特定の力をいかに出すかというノウハウに基づくものだ。比べて赤ん坊や子供たち、あるいは自然に動いたときに働く力は、技術でもノウハウでもない。自分自身が自然であることと分かつことのできない能力の現れだ。

こうした能力の現れは、大人になるにつれて難しくなる。私たちは全体的な能力の発現よりも、「これが正しい」という信念に基づく限定的な力の出し方を尊ぶようになるからだ。社会が要求する振る舞いやあるべき像を受け入れ、それにかなうよう身の丈を合わせ、自分自身の能力を細切れにしてしまう。そして、いつしか私たちは他人の思惑に合わせた自分になることを成長だと錯覚するようになる。

私が目撃した赤ん坊や子供は、相手の思惑に関係なく、「ただそれをやりたい」と自分本位に振る舞った。そこには「うまくやろう」とか「正しくありたい」といった大人が常備している作為がない。大人になればなるほど、作為的に生きることが善いことだと思う分だけ、自分本位になることが難しくなる。

しかし、生きることは再現できない瞬間の連続だ。一回性を生きることが最もリアルなのだ。繰り返し可能なノウハウなど求めても意味がない。

自分本位の主体性をもって生きるとき、葛藤も不安もなく、ひたすら自分を全うする流れだけがあるはずだ。

第5章　感覚こそが知性である

言葉以前に体は存在する

自分の意見を述べようとするとき、次のようなことがふと脳裏をよぎらないだろうか。「自分の考えなど既に誰かが言っているのだし、もっと洗練させてから言ったほうがいいのではないか」。

洗練されると、より多くの人を引き込む魅力は増す。同時に、限りなく無難に近づくことにもなりえる。知識や情報を参照し、あれこれと言葉だけで考えていくと、他人が理解しやすい意見に改めていくことと、自分の考えを他人に譲り渡していく工程の違いがわかりにくくなる。

思索していると、知らぬ間に「自分の考えなど大したことはなく、既に誰かが考えたことしか言っていないのではないか」という懐疑が生じる。

己の存在は、そう大したものではないと知っておくことは、傲慢さに陥らないためには必要だ。しかし、「所詮自分などちっぽけなものだ」と卑屈になることも、自分を正当に扱えないという意味では傲慢さの変調でしかない。

武術のよいところは、これらに完全に呑み込まれてしまわないところだ。

たとえ「自分には独自性が乏しい」と思ったとしても、相手が自分に打ちかかってきたとしたら、他人との違いは明確だ。「所詮自分などちっぽけなものだ」と思っていたところで、相手が見逃してくれるわけではない。ちっぽけだろうがなんだろうが、遭遇した事態は自分独自の出来事であり、己で何とかしないといけない。自分という存在、つまり体は、常に個的で他の誰とも取り替えがきかないのだ。

自分の感じていることが、自分にとっての現実だ。したがって人の数だけ現実は存在する。そこに特別さはなくとも、同じ体はふたつとないのだから、極めてオリジナルな見方しかありえない。

つまり、人はそれぞれ独自の見方をしているのだ。だが、それをあまり信じられないのは、「これが自分だ」と思ってしまう意識と現実の体にズレがあるからだ。言葉は体の独自性を均《なら》し、言葉で理解できる範囲にとどめようとする傾向がある。体はいつも言葉の背後にあるように思えてしまう。だから、言葉にならないものは存在しないかのように感じられる。

だが、それは認識が間違っている。言葉以前に体は存在するのだ。どうせ考えるなら、事実から、体から出発すべきなのだ。

何がものの見方を決めているか

人の数だけ考え方はある。だから、特定の基準を設けて善し悪しをつけるなど至難の業のはずだが、「この考えはいいが、あれはダメだ」といったことをしょっちゅう私たちは行っている。しかし、不思議なことに、そもそも「そのものの見方は何が決定しているのか?」についてはあまり考えないようだ。

ふつう、知識を貯えれば貯えるほど、見える範囲は広がると思われている。そうして視野が広がれば、自分の意見も正当性を増すと錯覚している。それを続けていくと、やがて自分がこの世界をよく見知っているものの代表であるかのような気になってしまう。

けれども、私たちが世界のあり方について語り出すとき、そこには常に「人間的なものの見方」という限定を表すタグがついているはずだ。人間は、鳥や虫や魚の視点で世界を捉えていないのだから。

それに気づいた途端、「人間的な視点」とは何なのか、ひどく気になってきた。鳥や虫や魚と人間の視点を分けるのは、知識の多寡ではない。そこでまず、魚はどういうふうに周囲を見ているのかを考えてみることにした。

なぜ魚を思いついたかと言えば、ちょうど舞踏家の笠井叡《あきら》氏の『カラダという書物』を読んでいたからだ。笠井氏はこのようなことを書いていた。「海が魚を通して、海自身を感じている」「まるで魚が『海という生命』の感覚器官であるかのように」。

こういう考えが生物学的に正しいのかどうかは、この際、脇に置いておきたい。注目したいのは、知見としての正しさではなく、笠井氏が自身の舞踏経験から、「海が魚を通して、海自身を感じている」という発想にいたったことだ。こういう考察には、通り一遍の知識では出てこない厚みがある。

魚の視点を体験してみる

魚はどういうふうに外界を見ているのか。

まず、魚の眼は体側《たいそく》にあるので、視界に自分の体が映り込まないだろう。ということは、人間とは違って、自分と周囲の境目がはっきりしていない可能性が高い。

たとえば、魚が水中を泳ぐとき、自分のヒレを動かしている感覚なのか、周囲の水を動かしている感覚なのか、区別がつかないはずだ。外の世界を動かすことが、そのまま自分の動きになるのだから。

これは、常に世界と自分とを分けて捉えている人間とは大きく異なる感覚だろう。もしかしたら、魚は「自分の体」という意識が、人間に比べてかなり希薄かもしれない。

そこで私は、紙に穴を二つあけて、自分の体が視界に入ってこないようなマスクをつくってみた。すると、自分の体が見えなくなったことによって、空間の認識は確かに変化した。

最初の発見は、こういうものだ。日常の中で、私たちは「自分がいま何かを見ている」と意識することはほとんどない。見ることはそれぐらい当たり前の行為だ。しかし、マスクをつけると、見るという行為の「人工的な部分」が際立って感じられた。

わかりにくいので具体例を挙げよう。テーブルの上にコップがあるとする。日常ではそのことに違和感を覚えることはない。なぜかというと、テーブルとコップという別々の存在を、私たちは「テーブルの上にコップがある」と構成したうえで見ているからだ。つまり、空間をそのまま見ているわけではなく、画像処理するように秩序立てて見ている。

ところが、マスクをつけると、自分の体が見えないものだから、「自分」という意識のせり出しが控えめになる。同時に、空間を秩序立てて見る力が薄まって感じられた。「ただコップを感じる」というような把握の仕方に変わったのだ。

ふたつめの発見は、こうして自分の体が映り込まないようにすると、視覚以外の感覚が鋭敏になるということだ。マスクをつけると、部屋の匂いや質感、音にならない音みたいなものが、気になるようになった。視覚の圧倒的な優位が崩れ、あらゆる感覚器官の声が聞こえるようになるのだ。

つづいて、腹這いになり、手を使わずに寝返りを打つ要領で転がってみた。そうすると、体の特定の「部位」を使って動こうという意識が後退した。それよりも、空間をこちらに引き寄せたり、遠ざけたりするような感覚が強まる。そのほうが滑らかに動けた。

壁の圧迫感が消える

マスクをつけてみていちばんおもしろかったのは、立った姿勢で壁に向かって進んだときだ。

通常、壁みたいな自分の行く手を阻む物に近づくと、胸のあたりが詰まるような圧迫感が高まる。満員電車の扉近くに立っていて、もうこれ以上は入れないと思っているのに、それでも果敢に乗り込もうとする人が接近するときのあの感じだ。けれども、マスクをつけたら、ほとんど圧迫感を感じなくなったのだ。

マスクをつけると、壁は空間を構成するただの一要素になった。もちろん、どんどん前に進めば壁にぶつかるのは変わらない。物理的にすり抜けることもできない。しかし、接近しても圧迫感が生まれない。これはどういうことなのか。

視界に自分の体が映り込んでいるときに、目の前に壁が現れると、自分と壁の関係だけに注意が集中してしまう。それがプレッシャーを生むのではないか。そのとき意識は前方だけに囚われている。

しかし、マスクをつけると、前方の壁だけに気を取られず、頭上、足元、横、後ろに自由な空間が広がっていることを体感できた。「前」という方向は、別に壁に向かって固定されているわけではない。くるりと転身すれば、どこでもそれが前になるはずだ。私が向かう先が前で、それはいつだって自分次第なのだ。自分の周囲にはいつも空間が広がっているのだから、本当は自由に動けるはずだ。

そのことに気づいたとき、妙に自信が湧いてきた。腹の底から力がみなぎってくる類の自信だ。それは、「これもできるし、あれもできるようになったし、この前も大丈夫だったから今度もきっとうまくやれる」と頭で確かめるような心細い自信ではない。

私たちは、何かをすれば、何かを知れば自信がつくと思っているけれど、それはかなり見当違いなのかもしれない。新たに何かを獲得するべく努力するよりも、身につけてしまった思い込みを外しさえすればいいのではないか。

それに、いざというときに、得たものを確認してから行動を起こすのでは、全然いざという緊急事態に間に合わない。思い込みを外しておけば、いつだって楽々と動ける。自信のなさは人から自由を奪う最大の枷《かせ》かもしれない。

魚にとって海は外部か

なぜ人は目の前の事実だけを重大視してしまうのか。

たとえば、コップに水が半分入っているとして、「半分しかない」と焦るか、「半分もある」と見るかは、自分の捉え方次第だ。現実には「半分ある」だけなのだが、私たちは自分の勝手な目測こそが現実認識だと勘違いしているのかもしれない。遠近感と現実の遠近を取り違えていると言ってもいい。

しかし、マスクをつけると、自意識の登場が減って、かえって自らへの信頼が生まれた。それが心の余裕となり、目の前の事実だけを重大視するような認識に引きずり込まれなくなった。

そうなると、やはり魚は、外部を外部として知覚していないように思える。海という広がりを自分だと感じているのではないか。魚にとっての海とは自分であり、それは「これが自分だ」と限定する必要のない可能性そのものなのかもしれない。

特別な能力を養うから自由が得られるわけでも、可能性が見いだせるわけでもない。可能性とは自分の外にある空間のことだ。境界を設けないことで見えてくる空間こそが可能性そのものなのだ。

直立二足歩行がもたらした「ものの見方」

人間は二足で立ち上がったことで、新たな可能性の世界を歩み始めた。そして、人間はこれまでとは違う体験をするようになった。

体の変形に伴う視界の変化により、足元から手、身幅と自分の姿が完全に自分の目に入るようになった。そうした自分の映り込みは、「自分にとっての自分にとっての自分……」と自分について無限に遡れる意識の成り立ちと深く結びついていく。赤ん坊は立ち上がり始めてから言語の発達が猛烈に早くなると聞くので、この推論はあながち間違いではないだろう。

意識は、「自分の体」という所有の感覚で自らを眺め始めるようになった。そのため、私と体は不可分であるにもかかわらず、「手を自由に動かす」といった言い方を普通にするようにもなった。「動く」のではなく「動かす」。体を言葉で分けて、その上で自由に動かすのだ。それが自由なのか制限なのか、言葉自体では判断がつかない。

四足歩行では体験できなかった領域に入ったことで、人は言葉によって自分を捉えるようになった。それを不自由になったと考えるか、あるいは言葉によって考える自由を得たと捉えるか。どちらにしても私たちは過去に戻ることはできない。

「ものの見方」も人間特有の直立二足歩行に依拠したものでしかない。考えるとは、頭の中で完結する抽象的な行為と思いがちだが、実は直立二足歩行という具体的な体の構造に依っているのだ。そうであるなら、思考を頭だけに任せなくてもいいのだし、もっと柔軟に考えることだってできるだろう。

残念な討論

たとえば討論の場でこんな光景をよく見るはずだ。

互いに持論を述べるのはいいのだが、「相手に勝ちたい」「自分が正しいと評価されたい」といった自分の感情を正当化するために論理を持ちだし、それを主義主張だと言い募る。およそ議論とは関係のない力動がその場を実際は支配している。

傍目にはぶつかり合うことを楽しんでいるようにも見えるのは、手応えという実感がないことには、打ち負かす醍醐味も味わえないからだ。

つまり、互いに衝突し、葛藤を覚えることによってしか成り立たない関係性を懸命に結んでいる。それは自らの考えに信を置いているのではなく、相手に依存しているだけだ。まったく自立した状態とは言えない。

私たちは意見を言うとき、概念や知識や情報といった手持ちのカードを見せる要領で考えてしまい、そもそも自分がどういうものの見方をした結果、自分の考えとして表明できるようになったのか、そういうプロセスを見ない。

物事をよく見通すような考えは、出来合いの概念や知識や情報を脳内で組み合わせただけで得られるようなものではない。いざというときに動けるような俊敏さと安定性を兼ね備え、全方位的に開かれた体でないと、広がりのある躍動的なことは考えつかないのだと思う。

頑固な考えは一方向に進むことしか念頭になく、転身さえすればどこへでも進めるのだという自由を忘れている。端的に言えば、そこには余裕がないのだ。余裕がないのは楽しくない。思考は遊びがないとうまく転がっていかない。

動いているものを動いている者の目で見る

広がりのある考えは、観察によってもたらされる。観察とは他の動物にはない人間的な能力だ。

観察と聞くと、定位置にどっかと腰を据え、対象を固定して行うイメージをもたれるかもしれないが、これは大きな誤解である。

観察は、世界を静止させるところにはない。動いているものを動いている者の目で見る。動いているものを止めずに、生きたものを生きた者の躍動した目で見る。この絶えざる運動がなければ観察はなしえない。

以前、私は猟師に取材したことがある。インタビュー後、彼が猟場にしている山に案内された。山に分け入ってしばらくすると、「あれが獣道です」と前方を指差された。ところが、いくら目を凝らしてもどれが獣道なのか私にはわからなかった。あたり一面、雑木と笹で覆われた山肌にしか見えなかったのだ。

彼に先導され、腰をかがめ、ときに足を滑らせながら歩き出して、はじめて気がついた。私は大きな誤解をしていたのだ。山に平らかな道などないと頭ではわかっていた。けれどもどこかで、道というものは、多少なりとも踏みしめられて手がかりの感じられるものだと思っていたのだ。

その予見を捨てて歩き出したとき、不意に訪れたのは、歩くことがひとつの探求であり、急勾配に喘ぐことも木の根に足をとられることも環境を知る行為だ、という体感を伴うアイデアだった。そうして歩みつつ辺りを見たとき、「たしかにここを鹿が歩いていた」というような道が見えてきた。

それは決して「これが道だ」と明確なラインとして名指すことはできないが、「そうだ」と言うしかないものとして浮き上がってきた。

見ようとしては見えない。歩みを進める中で見えてきた。その道を見出すのに、持ち前の知識や経験に頼る必要などなかった。普段の暮らしで舗装された道を移動するのに慣れていたあまり、移動した跡が道になることをすっかり忘れていた。

観察とは、行いの中で見えてくるものを体まるごとで見るのであって、そこに既知を見出すものではない。

感覚と運動の同期こそが知性の源

誰かが敷いてくれた平らな道は、いわば知識にも似ている。便利ではあるが、その上を行きさえすれば必ず何かが体得されるわけではない。まして獲物は捕獲できない。自分が歩まないと獲物がどこにいるかも知りようがない。

そして、道なき道の草の揺れに獲物の在処《ありか》を知ったとき、揺れた草を目掛けても獲物はそこにはもういない。どこにいるかは確定した事実として述べられない。しかし、狩猟者は感覚で知る。頬に受ける風の流れ、木の葉の立てる音、匂い、静かに訪れる興奮。これらすべてが感覚という名の知性による計測だ。

これは「なんとなくそう感じる」だけで、決して「それは〜である」という言葉では表せない。だから、人は不安を覚え、怖れを感じる。何の確からしさも見出せないからだ。

だが、私たちが生命の危機を感じるとき、それは常に「なんとなくそう感じる」という違和感として訪れるはずだ。文書を読んでわかるような理路などない。危機に際してひたすら生きようと歩みを進めるとき、原初的な本能は、違和感という漠然としながらもはっきりとした形で生じる。

生命は、さっきといま、何かと何かの違いを感じて警告を発する。その違いは目に見える形でわかるとは限らない。むしろ風に漂う微《かす》かな匂いや陽炎《かげろう》のような先触れとして訪れる。危機はわかりやすい形でも劇的でもなく、何気ない顔をしてやって来る。だから「違い」というニュアンスを感じ取れるか否かが生き死にの別れ道になる。

そして、この「違い」を知るのは、耳をそばだてる、目を凝らす、手探りをするといったように常に運動を伴っている。感じることと動きは分かつことはできないのだ。この感覚と運動の同期こそが、人が育ててきた知性の源だ。

思い出して欲しい。なぜ私たちは赤ん坊の頃、手当たり次第になんでも触っては口に入れていたのか。そして、なぜそうすることを止めたのか。「それは食べるものではありません」と親にたしなめられたから止めたのではないはずだ。

言葉や知識からまだ遠かったとき、自らの感覚と同期した運動の中で「あれとこれとの違い」を身をもって知り、誰に命じられることもなく世界を自律的に知り、納得したから止めたのだ。

比べてみればわかる

ところが、そういう原初的な理解の仕方を、成長するにつれて信じられなくなっていく。私たちは自分を育ててきたものを自らの手で台無しにしてしまう。そうした自分に対する不信はいつから芽生えたのだろう。

知らないことを恐れ、自己不信がはじまるのは、他者の価値観を基準に自分を眺め、自分の外に理想を描いたときだ。そう思うと、ほとんどの場合、私たちは感じて何かを言っているのではなく、他人と似た考えをしゃべっているに過ぎない。

そして、自己否定を積極的に続けることこそが、自己を確立するには欠かせないと信じるまでになった。

でも、それは確立ではなく、自己の中にある柔らかい感性の破壊でしかなかったのだ。

わからないことに出会い、「自分は無知だからはっきりとした意見を言えない」と思ってしまうとき、自信を失って落ち込むのだが、このプロセスはもう少し詳細に見たほうがいい。自信のなさは自分由来に見えて、参照している他人の価値観があったりするからだ。それに引きずられると、不信という重力を自分の中に発生させてしまう。

腹の底から力が湧いてくるような体感はどうすれば訪れるだろう。

中国で好まれる言い回しに、「不怕不識貨　就怕貨比貨（物事がわからなくても比べてみればわかる）」がある。この慣用句は、「わからないことはいけないことだ」とジャッジすることがいかに不毛か、そして未知について人はどのように臨めばいいかを教えてくれている。

たとえば、重さの微妙に違う二本のペンがあるとする。これを手にとって測るとして、どうすれば「どちらのペンのほうが重いか」を知ることができるだろうか。

実際、何人かに試してもらったことがあるのだが、「微妙過ぎてわからない」と早々に言って測るのを諦める人もいれば、ペンを手渡されてじっと握り、重さを感じようとする人もいた。また、それぞれのペンを手にとり、両手を上げ下げして測る人もいた。たいがいそういう人は、少し自信なさげに首を傾げつつ行っていた。

手を上下させた人にどうしてそうしたのか尋ねてみると、「なんとなく」「改めて聞かれたら、よくわからない」と戸惑い気味に答える人が多かった。わからないのが当たり前なのは、手を上下させることに頭の理屈はいらないからだ。

もちろん、手を動かしたところで「こちらのペンのほうが〇グラム重い」と数値でわかるわけではない。それでもなぜ手を動かすかといえば、「わからない」からだ。

わからないから、自分との関わりをもって、違いを知ろうとする。そこでは首を傾げることも計測行為に含まれているはずだ。体の部位の中でも重い頭が動くと、体全体のバランスは変わる。

そうして全身でわからなさに取り組んでいる一方、脳はと言えば、その行為の意味を聞かれても「わからない」としか答えられない。だが、体は「なんとなくこちらのほうが重いような気がする」というわかり方をしている。

そして、首を傾げるといった運動が表す少し自信なさげなところもおもしろい。たいていの場合、人が自信をもてるのは、既知であったり過去の成功体験があるときで、未知に対しては確信をもち得ないのだ。

手を動かし続ける

わからなさの只中にいるときは、なかなか自信をもてない。けれども、手を動かすことに失敗の怖れはないから、不安に完全に取り込まれることもない。

むしろ、多少の不安と同時に、「どっちなんだろう?」と、どこかで好奇心に導かれていくような心の躍動もあるはずだ。

実際、わからないからといって、しばらく上げ下げすることを止めない人が多かった。

私たちはわからないことを諦めや失望というものに早々に推し進めがちなのだ。

　手を動かし続けるのは、わからなさの只中に没頭している状態だ。これこそが、「物事がわからなくても比べてみればわかる」という計測であり、物事を新たに知っていく姿勢であり、正面切って未知に向かう態度ではないか。

　手を動かすことで明らかになるのは、「わかる」ことは正解を得るためにあるのではない、ということだ。手を動かすとき、体はペンのそれぞれの重さがわかるといった正答を目指していない。測るという行為の中で現れる「違い」について、わかろうとしている。それがもたらすものが知ではないか。

　そしてもっとも大事なことは、こうした能力は私たちにあらかじめ備わっていて、行うのに何の努力もいらないということだ。そう思うとなんだか愉快だし、他人のお仕着せの答えに自分を委ねずとも楽に生きられる気がしてくる。

あらかじめインストールされた能力

　自分の持ち前の能力をただ表現すればいい。そういうふうに努力なく生きることを私たちは信じられない。けれども、生命の根幹にあるのは何かと言えば、感じることであり、それがこの世界を生き抜く、汲めども尽きぬ源泉になっている。これは努力なしに始まった、あらかじめ私たちにインストールされた能力だ。

そうした知性を内包した体は、常に未知の世界に歩み続けている。その体験は言葉では追いつかないから恐怖を覚え、信じ難くもあるだろう。だから見知ったパターンを繰り返すことから離れられない。

かつて震災が起きた翌日、何事もなかったかのように会社に向かう大勢の姿を目撃した。その人たちは冷静だったのではない。昨日までと同じことを繰り返すほうが、現実を見ないで済むので安心だったのだ。それくらい人はやり慣れた方法が通用しない現実を怖れる。そして、何も試みていないのに不安に怯える。自分でつくり出した幻影に進んで惑うのだ。

いままでは、こうした怖れへの対抗策として持ち出されてきたのは、「得意分野を伸ばす」だとか「できることを増やす」といった、必殺技を会得する要領で自信をつけるやり方だった。しかし、かりに「これさえしておけば大丈夫だ」と自信をつけたとしても、現実は期待や過去の成功例の外にあるため、予測は必ず外れる。

そうとわかっていても期待を抱くのを諦め切れないのは、失敗への怖れがあるためだ。

究極の失敗は死だ。未知に歩みを進めることは、自分の身を危うくする死を連想させるので余計に怖くなる。だから過去にすがる。

だが昨日といわず、数分、数秒前の自分も過去の存在であり、死者だ。死者の自分に頼っていまを生きていくことはできない。

ただやってみる

ではどうすればいいのか？　頭で考えても迷いは深くなり、ただめぐり続ける思考は止みはしない。そういうときこそ体に立ち返ってみたい。

誰しも食事の際、箸でつまんだ食べ物を誤って目に持っていったり、握手する際、目測を間違えて空振りしたことはないはずだ。何気なく行えることに失敗はない。失敗は良い結果を求めようとしたときに起きるはずだ。

期待はあくまで期待だ。「そうであればいい」とどれほど思ったところで、実際そうなるかどうかはやってみるまでわからない。だから、ただやってみるほかないのだ。

あれこれと思い悩んだときは、素朴に自分を眺めてみる。たとえば喉が渇いたから水を飲むとする。この行為にはよりよいものを求める願望も期待もないはずだ。あるいはコップに注いだ水を口元に運ぶといった原始的な行いのみがあるとき、思いと行為にズレがないので失敗がない。失敗を怖れる必要もない。

思いと行為のあいだに余計なものが入り込む隙がないとき、怖れは生まれない。つまり、私たちはただ自分の行いをしているとき何も恐れる必要がなくなる。そのとき頭で計上された自信など必要ないくらい、自分の能力が全的に発揮されている。

人生において「必ず成功する」といった絶対不変の法則はないだろう。だが、必ず失敗する法則があるとしたら、それは求めても現にいま手に入れられない状態を思い描き、飢餓感をつのらせるときだ。

それは、いま・ここの現実からずれたことを望んでいるのだから、実現されるわけがない。あらかじめ失敗するよう自分を仕向けておきながら、期待と現実の乖離を、怖れという感情でわざわざつないでいるようにも思える。だから、行為と感情をきちんと分けて見ておく必要がありそうだ。

もちろん願望や期待が悪いわけではないが、それらは常に過去に得た体験や成功を未来に投影するから生じると知っておくべきだろう。知っておけば、それに囚われたとき、手放すべきものとして冷静に応じられるかもしれない。

赤児の身に還る

冷静に自分を見ることの難しい世の中なのは間違いない。不安にさせるような事件や心をざわつかせるような情報が溢れている。少しでも集中して自分の内を覗いた途端、普段覆い隠している不安や恐怖と直面してしまいそうだから、自分の外の賑やかな出来事で意識を散漫にしておいたほうが、つつがなく生きられそうに思える。

でも、そうした自分を覆い隠す態度が心に空虚さを生むことも、どこかでちゃんと知っている。そして、大人になると、その苦しみや悲しみを漏らすことを自分にも他人にも許さなくなる。それが成熟だと考え、痛苦に耐え、その克服のために努力し続けなければいけないと思ってしまう。

しかし、同じようにこの世界に生まれ、死んだ先人たちは、必ずしもそのような生き方がすべてだとは思っていなかった。

武や芸能の世界では、「赤児の身に還る」「童心に戻る」ことが伝書なり口訣《くけつ》でよく言われる。一挙手一投足に生き死にのかかった場面に立ち会ったとき、先人たちは赤児や童心を持ちだした。そのわけは絶体絶命の窮地には、無邪気さ、素直さで向かうこと以外にないと体得したからだろう。

私たちには、その態度がただの無防備に見える。やはり最良で最強の道は、知識や技法を獲得する以外にありえない。そうでなければ危地にあたってしくじってしまうと思ってしまう。

「赤児の身に還る」「童心に戻る」ことが弱さに感じられるのは、それらが大人の想定する子供らしさ、フリをすることだと思っているからだろう。しかし、還る先、戻る先とは、いくつになろうと私たちの内にあって損なわれていない、「自分らしさ」のことではないか。

私たちはもう無垢ではいられない。ただ純粋を求めることはできる。それが「ありのままだと思っていても、あるがままの自然とは限らない」という人間的な事実を生きることだ。


吹きつけた風が頰を撫で、同じ風が街路の木々を揺らすのを見たとき、心が動き、動くこと自体で何かがわかったような気になる。大人になったいまでもときどきそんな感覚が訪れる。それは、手応えのあるエピソードにもなりようのない淡さとしてしか自分の内にとどまらない。ただ、幼い頃はそのような世界を確かに生きていたように思う。言葉になりようのない感覚だけがあったとき、私と木々の揺れは分けることもできず、ただ素直に世界の動きと同調していた。

葉は風に素直に揺れ、戻る。抵抗も迎合もなく、それ以上のこともそれ以下のこともなく、持ち前の素のしなやかさをただ発揮している。

危機にあたって本当は無邪気さと素直さでしか向かえないのは、邪がなく素であることが全身全霊で生きる状態になっているからだろう。

過去に成功した知識や技法をどれだけ身につけても、いざというときには役に立たない。生死を分ける瞬間は、いつだって想定の外からやって来る。直《す》ぐな身と心でいないと、変化に応じられず呆気なく殺される。一寸先は闇というわからなさに対し、無邪気に素直でいられるかどうかが生死を分ける。

無邪気に遊ぶ

何が生き死にを分けるかわからない。

そもそも、なぜ生まれて死ぬのかもわからない。

そのことについて考えると、途端にこの世界は深い闇のように見えてしまう。唯一わかるのは、私たちがどういうわけかこの世界に投げ出されてしまった、という事実だけだ。わかりようもない世界との関わりにおいては、賢《さか》しらの目算など役立たないのだ。それに気づくと恐怖のあまり、泣きたい思いに駆られ、逃げ出したくなってしまう。

だが、ふと思うと、幼子は大人がおののく世界で無邪気に遊ぶ。遊ぶとは、この世界と全身で戯れつつ関係を結ぶということだ。何の知識も前提もなく素直に身を投げ出すからこそできる芸当だ。それは勇気ではなく元気だ。私たちもかつてそんな元気さに溢れていたはずだ。だが成長するに従い、この世界の正しい理解のためには、どう思考すればいいのか、どう行動すれば正しいのかと考えるようになってしまった。

しかし、丹念に考え、行動したところで、正しさの根拠はどこにもない。私たちが生きていく上で必要なのは、正しい行いでも、正確な知識の獲得に血道をあげることでもない。

ただ歩みを進め、身を乗り出すこと。

つまり初めて立ち上がり、歩み始めたときのように体を前へと運び、可能性の広がるほうへ伸びやかに歩みを進めることだ。

あのとき、ただ歩くことの純粋な喜びに私たちは笑いもしただろう。跳動が生きることだった。楽しいから笑うのではなく、笑うから楽しい。意味よりも自分を突き動かす、わからなさを生きていた。そこに恐怖はなく、生のわからなさ、謎そのものをただひたすら元気に生きていた。

生きているあいだにわからなさへの答えが得られるほど、人生は都合よくはいかないかもしれない。それでも全身全霊で、この身に備わった能力を素直に表現するとき、謎への問いかけは灯《あか》りとして胸の内に宿り、足元を照らす。

それはこの世界を歓喜と共に生きる力を私たちに与えるだろう。

あとがき

体に関する教科書を書こう。それも正しい答えや理想のモデルなど一切抜きにした、自分で感じ、考えるためのきっかけになるようなものを。そう思いついたのは、東日本大震災が起きてしばらくしてからのことだ。

震災時、正確な情報を求めるうちに、言葉の奔流に溺れそうになった。そのときの私は不安で何かにしがみつきたかった。事実が何なのかわからない怒りもあったし、自分の無力さに悲嘆にくれてもいた。

私はいまの自分にできること、やるべきことを忘れていた。つまり、自分の体を見失っていた。だが、あのとき、不安と怒りと悲しみに呑み込まれたのは、私だけではなかったと思う。

一見、平静を取り戻しても、それらの激しい感情が消えたわけではなかった。それらは社会に底流し、いまでも人々の感情の形成に、知らず知らずのうちに関わっていると感じる。

震災以後、不安や怒り、悲しみを解消してくれそうな言葉に安心感を見出す傾向が、確実に強まっている。そして、刺々しい言葉が鋭さであり、単線的で余裕のない言葉が論理的だ、というような取り違えも起きている。

行ったわけではない国、会ったこともない人、体験したことのない出来事について、あれやこれやと語り過ぎている。知識や情報を組み合わせれば、何か言った気になれるかもしれない。しかし、それは思考を口にすることではなく、無責任なおしゃべりでしかない。口さがない世相に文句を言うことにエネルギーを費やしても仕方ない。だから考えた。そしてわかってきたのは、私たちが、思考を頭だけの行いだと勘違いしていることだ。

頭を使うとは、私の体で考えるということだ。他人のように考えることではない。自分で足を運び、人の話を聞く。その目で見て、触れて、全身で感じる。

大事なのは、感じたことは常に現実の断片でしかないと知りつつ、その意味を問うていくことだろう。答えを出すのではなく、問う。この作業は体なくして始まらない。この当たり前の事実から生は出発している。

私たちは誰かの唱えた言葉通りに生きるためにこの世に生まれたわけではない。極めて個人的に生きるために生まれてきた。そしてひとりで死んでいく。

この揺るぎなく、何の制約もない事実を、自由と呼ぶのかもしれない。そうであるならば、活き活きと体まるごと生きてみるほかない。

自由とは何であるか。概念を弄《もてあそ》ぶのではなく、体で考える。

このように体について思いを馳せ、言葉として多少なりとも紡げるようになったのは、武術を学ぶようになってからだ。心身ともに考えるきっかけをいただいた内田樹師範、甲野善紀先生、光岡英稔先生には感謝を申し上げたい。

そして三年にわたり、指導いただいた編集者の川治豊成氏と、川治氏に出会う縁をもたらしてくれた坂口恭平氏にこの場を借りて御礼を申し上げたい。

二〇一四年八月十八日

尹 雄大

N.D.C.780　174p　18cm
ISBN978-4-06-288280-4

講談社現代新書　2280

体《からだ》の知性《ちせい》を取《と》り戻《もど》す

二〇一四年九月二〇日第一刷発行　二〇二三年一〇月三日第三刷発行

著者　尹《ユン》　雄大《ウンデ》　©Yoon Woong-Dae 2014

発行者　髙橋明男

発行所　株式会社講談社
東京都文京区音羽二丁目一二―二一　郵便番号一一二―八〇〇一

電話　〇三―五三九五―三五二一　編集（現代新書）
〇三―五三九五―四四一五　販売
〇三―五三九五―三六一五　業務

装幀者　中島英樹

印刷所　株式会社ＫＰＳプロダクツ

製本所　株式会社ＫＰＳプロダクツ

定価はカバーに表示してあります　Printed in Japan

「講談社現代新書」の刊行にあたって

教養は万人が身をもって養い創造すべきものであって、一部の専門家の占有物として、ただ一方的に人々の手もとに配布され伝達されうるものではありません。

しかし、不幸にしてわが国の現状では、教養の重要な養いとなるべき書物は、ほとんど講壇からの天下りや単なる解説に終始し、知識技術を真剣に希求する青少年・学生・一般民衆の根本的な疑問や興味は、けっして十分に答えられ、解きほぐされ、手引きされることがありません。万人の内奥から発した真正の教養への芽ばえが、こうして放置され、むなしく滅びさる運命にゆだねられているのです。

このことは、中・高校だけで教育をおわる人々の成長をはばんでいるだけでなく、大学に進んだり、インテリと目されたりする人々の精神力の健康さえもむしばみ、わが国の文化の実質をまことに脆弱なものにしています。単なる博識以上の根強い思索力・判断力、および確かな技術にささえられた教養を必要とする日本の将来にとって、これは真剣に憂慮されなければならない事態であるといわなければなりません。

わたしたちの「講談社現代新書」は、この事態の克服を意図して計画されたものです。これによってわたしたちは、講壇からの天下りでもなく、単なる解説書でもない、もっぱら万人の魂に生ずる初発的かつ根本的な問題をとらえ、掘り起こし、手引きし、しかも最新の知識への展望を万人に確立させる書物を、新しく世の中に送り出したいと念願しています。

わたしたちは、創業以来民衆を対象とする啓蒙の仕事に専心してきた講談社にとって、これこそもっともふさわしい課題であり、伝統ある出版社としての義務でもあると考えているのです。

一九六四年四月　野間省一